99天
失戀日記

LIEBESKUMMER
BEWÄLTIGEN IN 99 TAGEN

ninety nine

Contents 目錄

我想要你想起我坐在你身旁唱歌的時候

綁在身上的鏈條使我們振作起來，因為我們知道我們都將潛入海

尖叫聲的模糊和噪音會讓你感到盲目，讓你的注意力也渙散

但如果我們所有人能同時尖叫，這不也很好嗎？

這只是一段路程

只是一段路程

你可以選擇隨時隨地下車

這只是一段路程

只是一段路程

另一種選擇是虛無

我們不妨嘗試一下

阿曼達・帕爾默（Amanda Palmer）／騎行（The Ride）

讓我們先確認一件事，就是失戀真的很難熬，雖然我們都知道它總會過去，而這可能也不是第一次有人狠狠傷了你的心。失戀無關乎年紀、社會階層和季節；無關乎你有多少存款、交友圈的大小或你的樣子。失戀讓人痛苦，那些自以為睿智的老生常談根本無濟於事：什麼「天涯何處無芳草」、「明天世界又是新的了」。這些風涼話對一個心碎滿地，心可能碎在路旁（或酒吧）的人來說，就像雞肋。

　　對於正處於可怕情感海嘯中的人而言，肉體上和精神上一切都痛徹心扉。失戀是一種「社交痛」，大腦活躍的區域和肉體疼痛的時候是一樣的。什麼東西能止痛呢？止痛藥。沒錯，「布洛芬」能有效緩解疼痛。這不是鬼扯。現在你可能會想：是喔？去你媽的！很好，之後你還會時不時爆粗口、說髒話。不過重要的是，你多少知道一些舒緩現況的方法。要先從肉體下手，再從心理治療，於是這本書就派上用場了，因為：只有理解的人才能放下。

　　你就是那個想要理解的人，要不然你就不會買這本書了。又可能是有人送你這本書，因為他很清楚那些安慰的廢話根本沒辦法敷衍你。這本書會一步步陪伴你走出抑鬱灰暗的失戀期──為期九十九天。因為一般而言，失戀期大約持續這麼長。現在，一想到接下來三個月必須不斷在腦海中翻箱倒櫃、釐清事情原委、自問究竟為何走到這步田地、妳是否他媽的原本還能設法阻止，可能會讓妳的呼吸不由得急促起來。但妳要知道的是，事實上妳阻止不了這一切。

再來一個事實就是：也不是每天都很爛，還是有好日子的，但妳必須先在腦中騰出一些空間來。

　　先說明一點：這本書主要針對異性戀女性，因此書中許多部份男生和女生的處理方式不同。同性戀者並沒有被排除在外，只是某些地方不適用。愛情的面貌繽紛多姿，失戀也是。好啦，在這種情況下，失戀應該是黑的很精彩（布洛芬對男女的效用區別不大，性方面更是完全沒差）。有些失戀的人心痛至極，生活全盤崩毀，需要求助專業協助，這時可以撥打心理關懷免付費電話。如果妳需要協助，這並不丟臉，也不代表妳很軟弱。正好相反，妳很勇敢。

　　這本書分為三部分：回想、補償和放下 —— 失戀的三個階段。每個雙頁都有對於當天的思考啟發，有空白處讓妳填寫自己的想法並做筆記。因為總的來說，每個人對失戀的感覺是很相似的（大概就像有人拿燒燙的針插妳的心，同時又朝妳的胃壁上澆冷水），只是細節有所不同。如果某一天妳沒讀本書，也沒關係，妳就從上次停下的地方繼續往下讀。妳說一個週末就把這本書翻完？很可惜這一點用也沒有。雖然這聽起來蠻刺耳的，我還是要說：失戀需要一點時間。把這本書當作陪伴者、思考分類的文件夾和筆記本，以及開闊眼界之物。在一定的頁數之間，妳還會讀到一篇小論文，說明社會中的結構性問題以及它和失戀的明顯關聯。我們可以去思考：為什麼男女分手之後的行為不同？為什麼男人去酒吧買醉，女人去夜店狂舞？這一切又和女性主義有何關係？

對了，很重要的一點是，這本書很認真看待妳的感受，那種彷彿全世界不再有意義的感受，彷彿吃下的早餐一直讓妳反胃，彷彿妳必須不斷強忍住大哭一場的衝動，彷彿你們最後一次對話、通電話或傳訊息還能讓事情有所轉圜、變好，彷彿回到昔日一切還昇平和諧的時刻，彷彿這個人還是妳的全世界，你們在一起天下無敵，他的一句話就能讓一切回歸正軌。就如 Fibel 樂團曾經所言：「談點有意義的美好事物吧！因為如此，我就不再那麼害怕了。」

這本書是有意義的美好事物，而那傢伙是個白癡。

從現在起，一切都會好轉的。

回想、

0 ——————— 33

零至第三十三天

Day 01

第一天

　　很多失戀療傷指南通常都會以一句口號作為開始，像是：「妳能翻開這本書真得太好了！」或是「做自己就對了！」我們不打算用這類口號當作這本書的開頭，因為有一點很肯定：就是今天真是他媽的糟透了。妳能翻開這本書當然很好，但是妳寧願自己不要這麼慘。而且這和妳有沒有做自己、OK 不 OK 一點關係也沒有。因為這裡沒有一樣東西是 OK 的。妳不 OK。這個世界不 OK。大家可不可以不要一直講所有一切都 OK ？現一在一什一麼一都一不一OK。

　　還是說，也許是 OK 的？如果妳再努力一點？而且這傢伙也不是樣樣都不好。其實他根本沒問題，問題在妳……

　　停！

　　一時無法接受分手的事實，而且突然想不起不好的回憶，這些都再正常不過。可是，你們已經分手了，而且妳可能是不情願地被甩（如果有人想知道妳同不同意的話）。他現在在幹嘛？他對你們分手這件事有什麼想法？妳可能很想知道這些事情的答案。

　　先問妳一個簡單的問題：妳今天想到他幾次？幾百萬次？正常。一開始的確很難相信他竟然要離開妳。妳會很好奇他現在在做什麼——他可能什麼也沒做，反正沒做什麼值得妳知道的事。

　　所以拜託不要，不要又去看他的 IG 了。

妳今天看了幾次他的 IG？記下（大約）次數：

_____

像今天這種爛日子很難做什麼正事。現在把妳完
成的事情打勾：

○ 刷牙
○ 穿衣服
○ 喝咖啡
○ 喝第二杯咖啡
○ 喝第三杯咖啡
○ 喝咖啡以外的飲料
○ 去信箱拿信
○ 信件未拆，一直放置在桌上

第一天這樣就夠了。不要太苛求自己。

_____

只是留個書面紀錄，寫下你們分手的那一天。
記住這個日期：

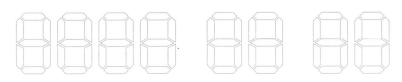

第二天

心理學家蓋‧溫奇在二○一七年發表了一場令人印象深刻的 TED Talk 演講,說明為什麼失戀和戒毒一樣。什麼?毒品嗎?對,一點也沒錯。

一個吸毒者要對抗毒癮,如果不是硬生生戒斷就是要借助替代品。從生理學角度來看,被甩的感覺和被迫放棄海洛因很相似。也幸虧如此,因為人只有在艱苦戒毒之後,才會注意醣類攝取和其他營養之間的平衡;失戀也是,會讓妳正視自己的狀態。

現在的問題在於,失戀的人會尋找一種美沙酮(戒毒用的替代藥物),而那就是妳和前男友共享的美好回憶。也因此,大多數人會開始在網路上跟蹤前任。被說中了?沒關係,不是只有妳這樣而已。有時不禁會想,社群媒體是否正是為了讓心碎的人匿名偷看前任而發明的。當年妳爸媽可能還得偷偷騎著腳踏車路過前任的家,看燈光是否還亮著;然後撥打家用電話,一接通就掛斷……。嗯,當年是當年,今天是今天。網路跟蹤是妳的替代藥物,而這不是什麼好東西。所以,溫奇建議我們製作一份清單,列出前任所有不良、惹惱妳的特質。如果妳非要回憶不可,就請想回想這些惡行惡狀,而且好好持續一陣子。

所以現在輪到妳了。在右邊空白行中寫下關於所有那傢伙的糟

糕行為。所有的一切。從選擇 Netflix 的糟糕品味到他媽媽對妳的冷嘲熱諷。別漏掉他那些膚淺的朋友，他們說的笑話真的有夠爛。承認吧！妳不過是基於禮貌才大笑。他的個性正直？值得信賴？還是只會說「拜託！寶貝，妳別這樣」？他的目標明確嗎？還是做事亂無章法，就愛吹牛說大話？

接著，用手機拍下這張清單。每次當妳想回憶過往時，就看一下這張該死的清單。這就是智慧型手機被發明的原因，絕對是如此。

爛人爛事清單

在這裡寫下他所有的缺點。全部！
什麼禮貌，統統管它去死！

_____

_____

_____

_____

_____

_____

_____

_____

Day 03   ___ / ___ / ___

第三天

　　今天醒來的時候，妳第一個想到的是什麼？先別說，我來猜一下！世界和平？早餐要吃什麼？努力想有個美好的一天？拜託，少來了！根本不可能好嗎！

　　現在……妳唯一想到的就是他。妳想到其實你們的關係也不是什麼都不好。你們也有過很美好的日子。是啊，你們曾有過，這些別人也拿不走。而妳現在正在自己騙自己，試圖掩飾不堪的過往，這不意外，但是那些糟糕的事物確確實實存在過。妳正在和自己的回憶協商，這很正常，但是一點用也沒有。如果要妳列出妳曾經喜歡過的事，妳一定能找出理想的過去，但關鍵不是他這個人，而是妳過去和他在一起時曾做的事。

> 他用什麼打動妳的心？

你們第一次接吻在哪裡？

你們第一次吵架在哪裡？

他第一次對妳說他喜歡妳是在哪裡？

他第一次讓妳等他是在哪裡？

Day 04

第四天

　　如果能整天耍廢，生活會變得更愜意嗎？在床上賴床，在沙發上癱軟，或者在公車上呆坐，漫無目的地在城市裡穿梭。完全沒有目標。反正妳的生活也不再有目標了……現在妳的感覺就是這麼糟糕。

　　灰暗的日子是正常的，它們都會過去。這些勵志的話現在根本派不上用場。但是為了避免讓這樣的日子變成憂鬱，現在妳得轉個方向，雖然這一點都不簡單。在右頁寫下妳在鬱悶時候真的能打電話傾訴的人。意思不是叫妳非打電話不可，而是當妳知道有這麼一份不會追問妳蠢問題的摯友名單，應該很心安吧。角色互換一下，如果妳的閨蜜處在這種狀況下，妳也會想給她精神支持。所以，給別人機會幫妳吧！

　　現代音樂家阿曼達·帕爾默在她的暢銷書《請求的力量》中寫道：「請求是任何關係的根本基石。我們持續且通常非直接、無言地請求彼此……來建造並維持彼此的關係。你能幫我嗎？我可以信任你嗎？你會不會惡整我？你確定我可以信任你嗎？而通常這些問題源自於我們心底想知道以下這件事的基本人類渴望：你愛我嗎？[1]」

　　妳現在最想問他是否愛妳的那個人，此刻不可能也無法給妳答案。但是其他人可以。雖然在這當下似乎不等值，但畢竟是個好的開始。

可以聽妳說話的名單：

_____

_____

_____

_____

妳傷心時，前任怎麼安慰妳？

○ 擁妳入懷
○ 傳訊息說等他事情忙完後，晚一點會打電話給妳
○ 他說一切會變好的
○ 他不光是說說，而且也主動做了些事
○ 他說妳不應該大題小作
○ 妳根本沒見到他本人，電話也連絡不上

在情緒特別憂傷的情況下，能讓妳心情好一點的
一件事物：

_____

_____

Day 05 ___ / ___ / ___

第五天

　　妳今天早上最先做的事情是什麼？我猜猜看：張開眼睛，拿出手機，打開社群媒體看看有什麼新鮮事。就拿 IG 來說吧，妳連看了八次左右他的動態，用的當然是專為這種偷窺時刻而申請的小帳。妳可真是他媽的福爾摩斯再世！

　　不用擔心，沒人會對妳丟石頭。完全可以理解妳對他感興趣、妳對他有多好奇，但是它們是不健康的。為什麼？妳在第二天就知道了：網路跟蹤＝替代藥物。妳只是不停把傷口撕開，還變本加厲朝它倒入一卡車的鹽。別鬧了，還是算了吧！

　　妳應該在傷口上貼 OK 繃，而不是像無止盡地滑 IG、臉書一樣，一直撕開 OK 繃看傷口癒合了沒。同樣沒意義的還有每十分鐘就看一下他在 WhatsApp 的最後上線時間。他下線時，妳在想什麼？是不是還在糾結他是否和某個人在一起，開心到看都不看手機一眼了？

　　很可能他根本沒在玩樂，但妳的內心小劇場卻上演了最狂野的戲碼：裸女、酒精、開趴──所有妳沒有的東西。他真是有夠噁心！

　　至於為什麼妳會認為當妳痛苦不堪時，他卻快樂似神仙？在下一篇小論文中妳會讀到解答。

封鎖他！

所有的連絡管道！

現在！

如果他有話對妳說，他會想辦法找到妳的。必要時用飛鴿傳書都可以。但現在請妳把自己藏起來，把他收起來！

妳可以設定一段時間，例如從今天起七天。之後我們會再談這件事，我保證。

但是現在：封鎖他！在傷口貼上 OK 繃！

妳家裡有哪五樣東西是他的？

_____

_____

_____

_____

_____

把它們丟掉！馬上！

他喝了多少烈酒？

為什麼男女的痛不一樣？

　　乍看之下，失戀和男女平等似乎無關。畢竟對某個人來說，它是一種感覺；對另一個人來說，則是一種社會壓力。這種壓力之所以如此重要，從男人和女人對待失戀的差別之大，就能清楚看出來。讓我們先談一種刻板印象：分手後女人會反思，分析她在這段關係中犯的錯，在自己身上尋找失敗的理由。女人會安靜。男人會吵鬧。他們會和死黨喝得酩酊大醉，借酒裝瘋、搞破壞、揍人。男人在分手後會表現出分手這件事對他毫無影響，至少刻板印象是如此。研究也證明這點：一份紐約賓漢頓大學的研究報告調查了男人和女人在分手後的反應。受訪者來自九十六個國家，總計五千七百零五人。研究結果顯示，女人痛苦的時間較短，但較深刻。男人痛苦的時間較長，因為他們一開始對分手這件事心生排斥並尋求補償。他們不允許痛苦出現，長期下來反而導致更嚴重的問題，例如憂鬱症和對維持關係的無能。而這也絕對是一個結構性問題，讓我們先從男女

平等的問題談起。

　　就在不久之前,「流下男兒淚」依然理所當然被視為愛哭包。即使到了今天,在公園裡仍不時會聽到一些為人父母者說:「別哭了,你又不是女孩子。」哭泣這件事似乎允許出現在女人身上,男人則不時遭到禁止。小孩會複製大人的行為,這不是什麼新的科學研究結果。如果父親沒被教導過可以哭泣,如果父親不示範給兒子看,讓他知道哭泣、痛苦、絕望沒有關係;如果母親依然堅持男孩必須克制情緒,那麼這年代的男人在分手之後又怎麼會不展現強者面貌與傳統男性的舉止(比如參加奧地利韋爾特湖旁的 Golf GTI 年度車聚)?上述研究團隊的三位研究者之一,人類學家奎格‧莫里斯在接受線上雜誌 Splinter News 訪問時稱這種行為是「過度的 Tinder 階段」,可謂相當傳神的形容。

　　再回到男人和他的毒性行為。分手當然有可能對他不痛不癢,不過這種可能性很低。他不是木頭。就算他不再愛妳,但傷害了妳,他仍然會難受。比較可能的是,除了在酒吧的吧檯邊,他不知道去哪裡處理他的痛苦。這並不是為他的行為找藉口,只是一個解釋。這就像女性主義和幫忙扶住門或穿大衣沒有關係一樣,如作家瑪格麗特‧斯托科夫斯基所言,幫忙扶住門只是個友善的表現,她說的一點也沒錯。女性主義也和其他東西沒有關聯。如果只允許女人悲傷、痛苦、生氣,只因為這些算是女性特質,實在荒謬至極,而且令人難受。對女人、對男人都是。男人展現陽剛只有極短暫的效用。沒錯,他現在可以走進最近的酒吧,隨便抓一個人揍一頓,但別指望這能長期改善他的狀況。這麼做只能短暫的移轉注意力,當他早晨頭痛欲裂的醒來時,失戀一定還在。這還可能導致強化肌肉的血清素急遽下降,讓一切比之前更糟糕。

Day 06

第六天

　　你們的第一次約會怎麼樣？這裡指的是真正的約會，不是你們認識的那一天。當然後者也很好，但這裡指的是不僅止於曖昧的第一次約會，當時進行得如何？你們做了什麼？

　　很抱歉，無預警就要妳在過去的這段感情中翻找，但這些回憶很可能就放在最上面。可以理解妳掩蓋了許多回憶，甚至小心翼翼將所有痛苦的記憶妥善藏起，讓自己不去回想，保護自己避免痛苦加劇，雖然事實卻完全不是如此。妳確實過得很痛苦，可能現在會想用下列這些「專家的話」讓自己暫時振作起來：

　　「沒有人是完美的。」
　　「他的意思不是這樣。」
　　「每一個關係中都有困難的時期。」
　　「逃走也不是辦法。」
　　「妳不能什麼都要。」

　　可是，長期下來，這些東西卻幫不了妳。

　　作家湯瑪斯‧邁爾在他的作品《你們分手吧！》（*Trennt Euch!*）中下了很好的結論：「這些都是事實，不過也全都是彼此不適合而

最愛找的藉口。對此，我只有兩個有意義的回應：第一是學習，第二是繼續往下走。留下來並不是一種特別能愛的能力，只不過是一種特別能忍痛的能力。」

　　你必須先消沉，才能再站起來。是啊，真的好痛。

說出五個你馬上想轉身走的情況：

_____

_____

_____

_____

_____

說出三個你卻留下的理由：

_____

_____

_____

推薦
書籍

湯瑪斯・邁爾還有更多關於分手的明智建言。他這本《你們分手吧！》也許能幫助你了解，為什麼堅持不是成功保證的策略。

Day 07

第七天

現在可能發生最糟糕的事情是什麼？

這是一個很難回答卻有合理根據的問題。人在考慮可能發生的最糟情況時，往往伴隨著害怕。而在做決定時，害怕卻是個糟糕的指南。這就帶出了這個問題：人究竟在怕什麼？妳現在在怕什麼？

在政論雜誌《西塞羅》的一場訪問中，女權主義者羅莉‧佩尼被問及她的書《不可言說之事》（Unspeakable Things）中所寫的「女人害怕失去愛情，男人害怕失去權力。」對此，她提出進一步的說明：「女孩被教導去追求浪漫的愛情。要追求事業可以，但前提是要以愛情和家庭為重心。如果優先順序不是如此，或是一直找不到真愛，就暗示她失敗了。因此，每個女孩從小就害怕孤獨。女人不被教導去追求權力，若她這麼做，就必須有所犧牲，像是愛情、友情或安全感。男人就不同，他們被教導只要事業成功，其他東西自然會來。這種雙重標準簡直卑鄙透頂。」

這些話有激怒妳嗎？但願有。

妳現在在害怕什麼？

他的私人生活被工作所支配嗎？　　　　　　　　☐ 是 ☐ 否
他的事業比妳重要嗎？　　　　　　　　　　　　☐ 是 ☐ 否
你們經常談論妳的工作嗎？　　　　　　　　　　☐ 是 ☐ 否
你們經常談論他的工作嗎？　　　　　　　　　　☐ 是 ☐ 否
你們曾構築共同的未來計畫嗎？　　　　　　　　☐ 是 ☐ 否
對於妳涉及你們雙方的工作決定，他曾介入嗎？　☐ 是 ☐ 否

妳現在對他惱火的程度？

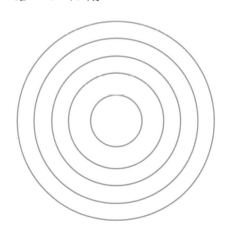

Day 08

第八天

　　這個世紀最重要的口號之一就是「變成更好的人」。我們處於一個不停和自己及他人對抗的競賽。這幾年下來，電視節目日趨格式化，都在節目中安排某人對抗某人。甚至在《德國超級名模生死鬥》中，年輕的參賽者必須對抗害怕「活」配件（譬如鱷魚）的心理，只為了從主持人海蒂・克隆手中獲得一張代表晉級照片。智慧型手機和穿戴式智慧型產品測量我們的睡眠狀況、計算我們走了幾步，以及我們不搭電梯，乖乖爬了多少階樓梯。和另一半分手之後當然也會心生疑問：「在這段感情中，我當時怎麼做會更好？」腦海深處還會莫名傳來惱人的謎之音：「如果妳再努力一點，這一切是不是就不會發生？」

　　不不不，幸好妳沒有更努力，否則只會延長痛苦的過程。在第六天的時候妳就已經知道，有時候這樣做根本行不通。妳現在拿這種變成更好的人的責難來折磨自己，就是個典型的女性行為。另一個典型行為是，妳在某個時候還會自問：問題是否出在妳的外表。妳是否太胖、太瘦、太矮、太高，髮色太金或太深？改變外貌是否能讓那個人回心轉意？

　　妳當然知道這全是胡說八道，但妳就是會忍不住問自己。到底為什麼會這樣呢？社會學家葛瑞塔・華格納長期研究這個主題，她

說：「男人現在也感受到美化外表的壓力，但是女人的壓力更大，因為社會對她們外表的評論更強烈，而且社會對女性身體的美麗標準遠高過男性。」

簡單地說，這種行為是社會造成的。問題不在妳，是這個社會長期灌輸妳這種錯誤觀念。

請妳停止這麼想，拜託。

妳喜歡自己的什麼地方？

○ 頭髮

○ 雙腿

○ 臉

○ 臀部

○ _____

○ _____

○ _____

建議

如果妳對妳的身材不滿意，不妨想想：妳出生在這世界上又不是為了放棄一根薯條，更不是為了擔心「髮型不對」，髮型不就只是髮膠市場的產品嗎？

Day 09

第九天

　　一些生活小撇步總不免令人納悶：這些事為什麼沒人早點告訴我們？例如隨身咖啡杯的杯蓋能用來當作固定杯身的杯墊。真的嗎？是的。還有，普拿疼和布洛芬等止痛藥也能有效對抗失戀。你說什麼？是的，沒錯，不過是在剛失戀的時候。

　　從科學角度看，失戀屬於「社交痛」，和肉體疼痛的大腦活躍區域一致。對人類的頭腦而言，摔斷的腿和破碎的心沒什麼不同。《德國醫師專刊》（*Deutsches Ärzteblatt*）指出：「痛楚就像壓力情緒，它讓血壓升高、脈搏加速、腎上腺素激增，讓人蓄勢待發，準備『沖天』或『戰鬥』。社交痛也是類似的狀況，讓我們處在一種『類戰鬥狀態』。」文章作者賽巴斯提安·基爾麥斯特的撰文依據是一份美國研究報告，報告內容探討反擊造成的神經性結果。

　　肯塔基大學做過一項研究，研究人員用普拿疼來治療社交痛，結果出乎意料。和未接受治療者相比，接受治療者的大腦中負責處理痛覺的部位比較不活躍。當然這並不表示「吞一顆止痛藥，就可以告別失戀。」但是在失戀風暴的初期，這種輕劑量止痛劑卻能發揮功效。讓吃不下、睡不著、只會哭、腦袋無法思考的人，大腦重獲平靜，再度正常運作。

　　但是請注意，服藥劑量必須配合體重，絕不可超過最高建議使

用量，否則妳的肝就完蛋了。妳還是需要健康的肝才能在酒吧喝酒呢！

列出三種妳最喜歡的酒：

_____

_____

_____

妳在第五天就已經封鎖他了吧？妳是否還堅持著？

☐ 是　　☐ 否

　　不管答案選哪一個都無所謂。妳是一個有感情的人，不是一塊水泥，所以不必過份苛求自己。

Day 1 0

第十天

失戀是一種鋪天蓋地的強烈感覺，妳就像一隻車燈前受驚的小鹿，愣在原地動也不動。因為妳跑不掉，所以被卡車給輾過了。大自然到底在想什麼，竟將妳折磨至此？

大自然想得可多了。愛情是一種原始本能，人類學家暨心理學家海倫‧費雪說，伴侶的離去之所以令人痛不欲生，主要是因為大自然不希望我們失去一個潛在的捐精者。如果每個人來妳身邊都這樣蜻蜓點水晃過了事，人類的傳承可能岌岌可危。那會怎麼樣呢？

也許我們的人生會變得安逸悠閒一點，偏偏這樣不行。妳的整個生化系統會卯起來抗爭，因為它想要妳生小孩。妳的多巴胺濃度會大幅降低，根據費雪的說法，妳甚至會產生一種「挫折的吸引力」，變得比分手前愛他愛得更熱烈。

現在發生在妳身上的就是個演化進程，演化正在妳身上起作用。

親愛的演化，拜託給我閉嘴！

起碼今天就好。

你能想像和他有孩子嗎？

☐ 是　　☐ 否

他的哪些特質讓他有資格當父親？

_____

_____

_____

_____

_____

他的哪些特質讓他沒資格當父親？

_____

_____

_____

_____

_____

Day 11

第 十 一 天

「我只是想問妳過得怎麼樣？」

「妳在做什麼？」

「我想妳。」

妳已經收到這種訊息了嗎？妳盯著手機螢幕多久了？還是說，妳早已克制不了衝動，立刻回他訊息了？如果妳已經回了，那妳回了什麼？已經產生對話了嗎？

這麼多問題得到的可能都不是讓人放心的答案。對於這種訊息，妳最好置之不理，但是妳一定難以抗拒內在的渴求。畢竟妳想他，而他顯然也是，至少看起來事這樣。或許距離讓他開始思考，發現妳是他唯一想共度餘生的女人。妳腦海中的好萊塢是如此輕聲告訴妳的。

它低聲說：「也許一切又會變好吧？」

才不會勒！更有可能的是，他不適應和妳分手後的狀況，想透過共鳴在妳這裡尋求短暫依靠。也許妳會一時感覺良好，但這卻會很快將妳拉到更底的深淵，就在他突然停止對話，而妳瘋狂尋找所有可能聯絡管道的時候。妳不解：為什麼？為什麼？為什麼？

雖然真的很困難，但請嘗試不要回覆他。記住生化系統理論！如果你們已經進行對話了，請結束它並保有話語權。妳不用翻臉，

只要說一句「我想讓腦袋冷靜一下，我想對話的時候會再聯絡你」就足夠了。

當妳有回訊息的衝動時，什麼事能轉移你的注意力？

○ 去游泳

○ 將手機設為飛航模式，看《享受吧！一個人的旅行》
  （我知道很老套，不過又怎麼樣？）

○ 打電話給妳最好的閨蜜

○ 隨性去一間美髮院

○ 搜尋一個新的刺青圖案

○ 捐款給拯救海洋機構

○ 去 DIY 店買番茄幼苗（起碼有個活生生的東西）

○ 計畫一趟旅行（在一個盡可能瘋狂的地方）

○ _____

妳希望自己在這個時刻具備哪些特質？

_____

_____

_____

Day 12

第 十 二 天

　　有時候，所有的忠告良言都沒有用，妳就是覺得生氣。生氣是件好事，生氣代表妳的感受有出口。

　　集作家、心理治療師和教育學家於一身的阿爾慕‧史馬勒—李德專精於女性的憤怒研究。她說：「基本上，男人和女人的憤怒是相同的，但是女人學會用特殊的方式來處理憤怒。我們的社會比較能接受女人顯現害怕、膽怯、悲傷或退縮。反之，男人火氣上來且開始大打出手時，被視為真正的男子漢。社會對男人發怒的接受度明顯高很多。女人從小就曉得，她們只要一生氣，爸媽就不喜歡她們。如果我們的教育和環境並不鼓勵表達、體認和談論我們的情感，我們只得將它們隱藏起來。於是，女人被迫如此處理憤怒情緒。」

　　腦神經專家漢斯‧馬科維奇在《明鏡周刊》中說明了壓抑憤怒的可悲結果：大腦和舉止的慢性改變可能會導致憂鬱症和其他心理疾病。壓抑憤怒還可能引發生理的疾病，譬如牙醫師抱怨說越來越多女人有磨牙的習慣。對此，德國廣播電台的 Podcast 還有一系列完整的報導。

　　所以，釋放妳的怒氣吧！

　　就算不是為妳，至少也為妳的牙齒著想。

他最糟糕的時刻

在哪種情況下，妳覺得他真的很丟臉？

他什麼時候真的把妳晾在一邊？

他怎麼批評妳最好的朋友？

他送的哪些禮物根本是垃圾？

什麼時候妳氣到想丟他東西？（妳甚至真的丟了？）

Day 13

第 十 三 天

　　妳經常覺得累嗎？被這些狗屁倒灶的事搞得很累？反覆思前想後，被一切推敲及分析弄得精疲力竭，卻找不出新的東西。可能妳在這段期間有幾次機會碰見他的或你們的共同朋友，一旦酒精加入戰局，連妳都能看到自己如何和酒精角力，如何努力克制自己不去探聽他的消息。一開始妳還能把持自己，絕口不提前任怎麼樣、他在做什麼。隨著杯數的增加，妳內在的盔甲逐漸瓦解。到了最後，妳一一逼問所有在場的朋友關於他的一切。但是，這些片段拼湊出的消息又有什麼用呢？不過使妳徒增「說不定事情有轉機」的希望。一開始，希望能緩解痛苦，但同時也讓人渴求更多、更多那些只留存在妳記憶中的東西。

　　首先，妳要弄清楚，這些新消息都不客觀，更別提中立了。妳聽到的這些話，是妳的談話對象帶著全然的主觀意識說的，然後再結合妳自己的經驗和傷害。沒有一項推測確定為真。多數的陳述只是「聽說」的結論，不能帶給你任何新的認知。

　　他實際上過得如何？為什麼他要分手？為什麼堅持不復合？這些妳都只能從他本人那裡得知，而且現在說這些還太早。你們還沒有保持足夠距離，能讓你們從外面觀察你們的關係。

　　所以，來，深呼吸。

他最要好的五個朋友是誰？

_____

_____

_____

_____

_____

如果妳遇到他們，不要和他們談到他。

妳聽到關於他的什麼事？

_____

_____

_____

_____

_____

忘掉這些事吧！因為妳不知道這些事是不是真的。

Day 14 ___/___/___

第十四天

　　「情感操演法則的重點就是這一條關鍵性的社交規則：行為和意圖必須一致。」知名的失戀專家暨社會學家伊娃‧易洛斯如是說。那如果行為和意圖不一致呢？妳是真的想永遠放下前任，卻又不由自主頻頻查看他的社群媒體帳號。妳可能優雅、可能不顧形象地追問朋友關於他的事。當自尊心隨著最後一口酒經過受傷的咽喉吞下肚，妳苦苦哀求他回到妳身邊，只要一次就好。

　　那些訊息來自偽裝成智慧型手機的地獄！妳不過是自己騙自己！

　　行為和意圖，它們倆在應該一致時卻偏不一致。

　　這樣的日子就是會發生這種事。別因為妳的行為而感到沮喪，只要妳不再繼續深陷這個黑洞就好。現在發生的事會讓妳感到難堪，但是　年後就沒人感興趣了，這很正常。

　　性愛部落客泰瑞莎‧拉赫納在她的著作《性趣法則》（*Lvstprinzip*）裡下了結論：「你認為這是你最軟弱的時刻，但事實上你正變得強大不已……每個人難免會覺得為自己就是全世界最悲慘的人，但只要你和他人說起這件事，你就會知道這一切都是胡扯。」

　　每個人都曾糾結在這個點上。別再懲罰自己了。

妳最後一次在社群媒體上跟蹤他是什麼時候？

_____

妳最後一次在 WhatsApp 上看他有沒有上線是什麼時候？

_____

妳最後一次傳訊息給他是什麼時候？

_____

妳最後一次打電話給他是什麼時候？

_____

妳最後一次等他、找他講話是什麼時候？

_____

妳和他距離會越來越大。一定。

Day 15

第 十 五 天

　　通常到了某個時間點，人在回顧過去的時候，會突然覺察到某些東西已經改變了。經常是情感板塊的一個微小移動，只有高敏感度的地震儀才能測到內心最微弱的震動，從中裂開的縫隙正極其緩慢的形成。到了某些時候，妳再也無法漠視它，再也不能為了逃避最糟的狀況而否定自己的感情世界。對於這道裂縫是什麼時候出現在你們之間，妳再清楚不過，很可能妳也知道為什麼。

　　這是個開始。

　　妳一定能清楚回憶妳心碎的那一刻。

　　這是結束。

　　但這是你們之間的結束，並不是一切的結束。

　　為了不使它變成一切的結束，我要給妳一個嚴肅的忠告：在九〇年代，研究人員就已經發現「心碎症候群」，又稱章魚壺心肌症。它可能導致猝死，尤好發於年長女性，其臨床表徵與心肌梗塞極相似：胸痛、心悸或呼吸困難。病症發作時，心臟的左心室會異常收縮，心尖像氣球一樣鼓起，主動脈則變得極狹窄，打出的血液不足以提供全身所需。日本醫生們根據這種外型變化為這種疾病命名，因為左心室外觀像一個章魚壺，一種日本傳統捕捉章魚的細頸容器。目前甚至有一個全球「心碎症候群」患者的註冊系統。

如果妳察覺自己有這些症狀，請立即就醫。寧可多慮，切莫疏忽。

妳何時停止無條件地愛著妳的前任？

_____

妳心碎的那一刻是什麼時候？

_____

這不是第一次發生，可能也不是最後一次。
列出妳最重要的五位前任：

_____
_____
_____
_____
_____

這些人妳都撐過來了，這個傢伙妳也可以。

不要大驚小怪

為什麼失戀會被低估

失戀的致命處是它的真空狀態。分手就像被人從中一刀劈開：從此什麼都和以前不一樣了。時間、空間、身體需求等可靠的支柱突然改變它們的靜止狀態。盯著黑色手機螢幕的幾分鐘感覺像是拉長到幾小時之久。日子一下子漫長了起來，根本度日如年。地板為什麼他媽的晃個不停？既不會感覺到飢餓，也不會口渴。代之而起的是對各種麻醉品無法克制的渴求。香菸和酒精這時是可愛的好朋友。別騙自己了，失戀經常很快就變得難纏，它就是一個黑洞。

當事情過去之後，沒人想再跟它扯上關係。沒錯，我們甚至刻意不去回憶。這也是為什麼許多人在別人面前不提失戀，他們才不想在任何情況下被人勾起自己的失戀回憶，否則就會引來一堆客套的安慰：「會過去的」、「會變好的」。當然一定會的，我們又不是笨蛋。但是，在那當下的感覺就不是如此，在那當下一切都不安

穩，而且看不到盡頭。

　　研究心理創傷的學者們發現這個現象後，對此進行了各種研究。有時在私密的社交環境中無法被真正理解的東西，卻意外有了科學的解釋，而且研究成果豐碩。直到幾年之前，心理醫師暨神經學家根特‧塞德勒一直帶領著海德堡大學醫院心理社會醫學中心的心理創傷部門（對，好多「心理」！）。他提出警告：「光是『失戀』這個名稱基本上就被低估了。『失戀』聽起來像是一個發生在校園的青少年問題。事實上我們談的是一個也會讓許多成年人失序的心靈苦痛。」曾身為執業醫師的他不斷看到心理創傷患者和剛分手者之間的相似點。「一聽到心理創傷，大家會馬上聯想到暴力和犯罪的受害者，或者是天災、戰爭或恐攻的倖存者。在我的門診中，我經常碰到飽受相同肉體和心理問題之苦的患者，但是他們不曾經歷過上述的事件。他們只是被另一半甩了。」他還證實，兩種患者有類似反應，若他們一時無法掌制日常狀況，而且在工作上或家中遭到批評，就會變得暴躁易怒。這導致他們會隨機攻擊周圍的人或是鎖定那個「始作俑者」進行報復。塞德勒沉痛地陳述道：「痛苦使人邪惡。」

　　理所當然，我們分手後不會想再和對方有任何關連，因此抗拒所有再次出現在回憶裡的一切。如果他人對被甩者的情感困境表示無法理解，這也是一種自我保護，不見得是他們心懷惡意或缺乏同理心。萬一妳真的撐不下去，尋求專業協助非常重要。將自己的情感生活責任暫時交付他人，一個這方面的專業人士。我們知道左手臂粉碎性骨折的話要去看醫生，那為什麼心碎就不去呢？

Day 16

第十六天

　　性生活。
　　妳可能很久沒有了。

　　性。
　　完全無法想像和他以外的人上床。撫摸？呃，親吻另一個男人？做不到。因此馬上有性生活是最不可能的事。就算很快有了新歡，多半也以失敗告終。於是「我要讓他瞧瞧」的痛快感很快就變成「我─到─底─在─這─裡─做─什─麼？」
　　女人對失戀的態度和男人不同，這點先前已經詳述。簡單地說，現在要談的是妳和前任在一起時的性生活怎麼樣。此外，妳還要避免可能發生的舊情復燃。和前任再次上床通常不會建立健康的新關係，只會帶來更多淚水，讓妳更討厭自己，產生更多更多的差辱感。但是顯然少了身體接觸卻讓人愛做傻事。

　　別傻了！

　　不如具體想想你們過去的性生活如何。

妳是主動還是被動的一方？

___

性生活頻率太低、太高或者剛剛好？

___

妳覺得缺少什麼嗎？

___

妳最喜歡的是什麼？

___

什麼是妳幻想中想要有的體驗？

___

你們最後一次上床是什麼時候？

___

感覺好嗎？

___

第 十 七 天

　　虛構的故事（譬如電影、電視、音樂影片）相當程度影響了我們對愛情應該如何開始、如何進展、如何結尾的看法。六〇年代的社會學家尼可拉斯・魯曼提出了這個觀點。他認為，愛不是一種情感，而是一種以媒體影像為基礎而產生的溝通符碼。社會學家科內莉亞・韓恩以近十年的流行文化為其解讀：「複製好萊塢電影的浪漫愛情想像和日常生活中產生的社會規範，兩者之間會形成一種交互影響。」浪漫的伴侶關係的基本模式越來越深植人心，即使它們很少能長久維持。

　　怎麼會如此？因為一部片長一百二十分鐘的影片當然不會描述一段制式、長久關係的乏味無趣。它只會著眼於最初的火花。看著對方的這個眼神，明確表示：這裡有大事正在發生，無法閃躲，全宇宙存在了幾十億年就為你們相遇的這一刻。彷彿兩個突然脫離軌道的行星，對彼此的吸引力戰勝了所有的物理規則。然後，蹦的一聲，你們撞到彼此，撞進彼此。

　　就應該這樣。

　　你們可能也是這樣。

　　這如電影情節般的驚天一撞，最終卻讓你們分道揚鑣。根本不照該走的劇本走。

而因失望而生出的憤怒是全面性且具殺傷力的。怎麼會這樣開始，卻這樣痛苦的結束？怎麼會結束？我需要時，他媽的好萊塢在哪裡？

找不到。

但是這不表示你必須否定這憤怒。它是真實的。把它釋放出來！

妳會以哪部電影來描述你們的第一次相遇？

○ 《黑暗騎士：黎明昇起》

○ 《熟男型不型》

○ 《末路車神》

○ 《全面啟動》

○ 《黑色追緝令》

○ _____

○ _____

○ _____

妳憤怒時的殺傷力程度？

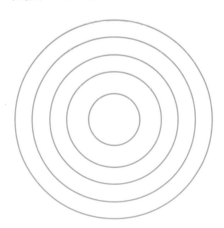

Day 18

第十八天

撫摸不只是撫摸。請回想你們第一次無意間碰到對方時那種觸電的感覺。然後在某個時候，遲疑變成承諾，承諾變成要求，要求變成投降。在某個時間點，這些日常的觸碰以及無保留親近的渴望全都消失了。為什麼長久關係撐不下去？這是我們之後要討論的主題。重要的是，現在妳知道身體接觸和吃喝睡覺同樣不可或缺。

已故的知名家庭治療師維琴尼亞‧薩提爾許多年前曾說過：「我們為了生存，一天需要四次擁抱；為了維持生命，則需要八次；如果要讓成長更豐富，一天需要十二次。」出乎意料對吧？在一個充滿手機、平板和電腦的世界裡，每日真誠的撫摸已經變少了，因此也益發彰顯它的重要。

負責萊比錫大學觸覺實驗室的實驗心理學家馬丁‧格倫瓦爾德說：「每個哺乳動物都需要一定程度的撫摸，長期匱乏的話，身心都會生病。」此外：「撫摸會先帶來肉體的改變，然後信號傳送至大腦處理，接著釋出各種神經傳導化學物質及荷爾蒙，經由血管進入全身。我們的心率會變慢，呼吸趨緩，肌肉放鬆。我們和某人越熟悉，這種撫摸的生物學現象就越快碰撞產生出來。」

簡言之，撫摸很重要。妳可能很久沒被撫摸了，先是因為撫摸從你們的關係中被除去，然後又因為你們的關係結束了。真是該死。

完全能理解妳渴望被撫摸，也許妳會因此尋找身體接觸（不過請不要找妳的前任！）。現下重要的是，承認這種渴求，渴求這生命中不可或缺的泉源。

如果妳是在今天早上翻開這本書，那麼晚上將它再拿出來並打勾：

妳的這一天……

○ 堅韌如橡皮
○ 真空
○ 無法忍受
○ 乏善可陳
○ 平靜
○ 吵鬧
○ 辛苦
○ 迷茫
○ ＿＿＿＿＿＿＿＿＿＿＿＿＿＿＿

妳早上最可能從誰那裡得到一個真誠的擁抱？

＿＿＿＿＿＿＿＿＿＿＿＿＿＿＿＿＿＿＿＿＿＿＿＿

Day 19

第十九天

　　希望在門口猛按門鈴，尤其在失落感影響妳的精神，就連身體也要負荷不了的那個日子。也有可能它連門鈴都不用按，就用衝鋒車直搗妳的心房，緊接著再開著坦克大隊進入妳的大腦。

　　耶，成功佔領！

　　希望是一個下流的渾蛋。關於希望，沒有人比瑞典作家莉娜·安德森寫得更好了。她在小說《非法占有》（*Widerrechtliche Inbesitznahme*）中寫道：「希望是人體內的寄生蟲，和人心完美共生。把它塞進囚犯穿的約束衣，關在一個暗室是殺不死它的。讓它挨餓也沒用，這種寄生蟲不靠水和麵包維生。你必須完全中斷營養供給……你必須讓希望餓死，它才不會引誘及迷惑它的宿主。希望只能用果斷的殘忍才能讓它斃命。」

　　請將這段話認真讀個兩遍。它很直接、很傷人，卻是事實。「會變好的」或「他一定會變理性的」就像三片希望披薩，先讓妳飛，再讓妳肥，最後將妳整個思考和行為團團包圍。

　　妳還不如和朋友們一起去吃一塊真正的披薩，然後將希望推得遠遠的。每天來一片，今天也不例外。在某一天，妳會覺得希望真蠢，它的聲音會越來越小，最後銷聲匿跡。

問問妳的朋友們，他們覺得妳的前任什麼地方最
糟糕，然後將它們寫下來：

_____

_____

_____

_____

_____

_____

_____

推薦
書籍

安德森的小說《非法占有》的女主角是三十一歲的艾絲特。艾
絲特愛上了年長她許多的藝術家胡果，他總讓她苦苦守候。她
對此心知肚明，卻又離不開他，也擺脫不了他那些哄騙的小伎
倆。小說的情節緊湊，節奏明快。每個曾遭利用或被對方以「獨
特」欺騙的人都應該讀這本小說。如果妳曾經或正處於相同狀
況，這本小說也許是拯救妳的自由之擊。

Day 2 0

第 二 十 天

　　希望甚至還會讓人變得愚蠢。如果妳接受希望，就會覺得蠢一下也不是太羞愧的事（失戀時的愚蠢指數可不輸熱戀期）。如果妳接下來發覺這傢伙依然故我，並沒有變成他可以成為的樣子，這種愚蠢可幫了大忙。但是且慢，這兩者要做出區分。

　　我們在伴侶身上投射出特質和行為是完全正常的。如果我們覺得某人比實際更好，這甚至相當利於演化。這一切的關鍵就在於延續後代。旁觀者的立場當然比較能清楚看出當事者的某些天賦和潛能被高估了。但畢竟妳愛上的是這個人，不是他的潛能。我們之所以經常會這樣，原因是我們高估了對人的認識。心理學家稱之為「積極幻想」。我們相信自己能正確地評估對方。這是大自然的聰明設定，好讓我們感到自信從容。再加上我們總想在對方身上看到他的好，結果造成實際與期望值落差太大，這樣的戀愛可能以災難收場。在這個社群帳號被精心包裝的時代，自然有許多來自他人的正面評價。要覺得某人好，一點都不難，他看起就很棒啊！他一定有超能力。

　　然而將對方理想化，可能會在一段關係中造成一些隔閡。有時候我們會喜歡這種隔閡，但大多時候通常不喜歡。可是分手之後，我們卻極少回想起這些隔閡，反而更愛回想對方那些值得稱許的特質。

　　好好思考一下，他真的如妳所想的那麼好嗎？

你覺得他的哪些特質特別好？

_____

_____

_____

_____

他的哪些特質其實還有更好的發揮空間？

_____

_____

_____

他哪些方面就是爛？

_____

_____

_____

_____

Day 21

第二十一天

　　很多女人總覺得自己愛不對人，即使她們在開始一段關係時都認為，這次絕不會又挑到「酒鬼」、「承諾恐懼症患者」或「工作狂」。然而不出幾個星期，她再次驚覺：慘了，我又重蹈覆轍了。

　　在這個連 IG 都充滿自我反思、格言警語和一夫一妻制的時代，最遲在二十五歲左右，我們就會發展出一套自己的獵愛模式。到了某個時候甚至會曉得自己為何總愛上同一類型的男人，但是究竟該如何逃出這個死胡同……嗯，蠻複雜的。

　　伴侶治療研究可以依據關係緊密程度分為四種：穩固的關係、不穩固─逃避的關係、不穩固─模糊的關係和雜亂的關係。我們會朝哪種關係走，取決於孩提時代的關係經驗。這當然也會對我們之後的關係造成影響，我們可能在關係中感到快樂或總有地方不對勁，最後失敗收場。心理學家克爾絲亭‧馮‧欣督指出了一種尤其致命的行為：「所有熱戀者在一段關係初始之時，都會將對方理想化，但是相較於關係穩固者，曾在關係中受創的人，在之後遭伴侶漠視或不當對待時，更容易妥協。他們從小就習慣不受重視，甚至習慣在情緒、肉體或性方面被虐待。許多人寧可活在一個受創的關係中，也不願沒有關係。」唉！

　　這種「毒性關係」的根本原因在於，對當事者而言，雖這種關

係不健康，有時卻又顯得特別激情。

　　也許我們又要怪好萊塢，害我們把鬧劇和真愛混淆了。還是要怪全世界的文學故事？還是根本就該怪這個宇宙？

　　先弄清楚自己的獵愛模式。至少在下次又跌進刀口時，妳是張大眼睛看著，而不是盲目的。總有一天，妳會小心的將那把大刀放在角落，對刀主人說：「不，謝了，我沒興趣。」

妳的前任們有哪些共同點？

妳希望可能的未來伴侶具備哪些人格特質？

推薦書籍　如果妳想接觸更多伴侶關係的研究資料，可以參考《心理與醫學：基礎、臨床和研究》（*Bindung in Psychologie und Medizin. Grundlagen, Klinik und Forschung*），這是一部彙整了各種研究論文的合輯。如果妳比較想從實用性的大眾知識讀本入手，心理治療師史蒂芬妮‧史塔的《人人都有能力處理關係：自由與親近之間的中庸之道》（*Jeder ist beziehungsfähig. Der goldene Weg zwischen Freiheit und Nähe*）是一本入門書。兩本書均有學術依據，卻沒有深奧難解的專業術語。

Day 2 2 ___ / ___ / ___

第二十二天

　　歡迎來到「證實刻板印象」的新回合。很明顯，這本書的每個主題都會有一項研究，內容強調「男女之間的醜陋差別」。所以「權利保護保險股份有限公司」（這是胡謅的啦！）進行了一項調查，主題是關於做好吵架準備的德國人。調查結果顯示：女人吵架的次數比男人多，時間也較長。但問題是：如果男人不回嘴的話，她能跟誰吵？難道跟別的女人吵？好啦好啦，這只是看事情角度的問題。

　　其實，這不也是一個完全個人感受的問題嗎？你們是在吵架，還是討論？似乎難以論斷。女人是比較常吵架沒錯，可是，拜託，誰喜歡吵架？所以我們來看看心理學家約翰·高特曼的研究。他的重點並不放在純粹媒體的影響，而是人與人之間的認知取得。十幾年來，他在一間架設攝影機的公寓裡，追蹤觀察了男女之間的溝通交流，得出以下結論：「伴侶很少在長時間吵架中得到有建設性的解決方法。耗費大量時間試圖解決基本的意見歧異，但最後通常宣告失敗。」

　　是的，恭喜妳！下次請記住：當吵架變成習慣，請比過去更快三思是否還要留在這段關係裡，因為時間拖再久也不會好轉。

你們最後一次爭吵的原因是什麼？

_____

什麼是你們經常爭吵的主題？

_____

他哪裡讓你大為光火？

_____

妳哪裡讓他大為光火？

_____

你們事後能坦誠和解嗎？

_____

你們吵架的頻率？

_____

Day 23

___ / ___ / ___

第 二 十 三 天

「在關係中爭贏的人，就能支配對方的實際生活。所以伴侶必須抗爭，不然就得服從。但是這樣就再也沒有一對關係對等的伴侶。想爭贏的人，就不該結婚。」

唉。

以上那段話出自伴侶治療師奧斯卡・郝茲貝克，他清楚定義人如何破壞關係。遺憾的是，想爭贏是人的天性。每個人都相信自己有理，只是有人小聲地說，有人大聲地講。尤其在分手的狀況下，妳經常會冒出以下的想法：「假如他在某件事能了解我是對的，並且照我說的去做，我們就不會有問題了，就能過著幸福快樂的生活了。」

但他偏不要。就算妳嘗試採取各種方法，拐彎抹角、旁敲側擊去說服他，無疑是白費力氣（這些力氣還不如用來做點有意義的事，甚至看貓咪的影片還更有意義一點）。

在某些時候，他就是不想，就是不願在這件事上讓步。這就好比將車開出交流道，誰先開出去，誰就先離開高速公路。而且這樣的爭執通常只代表了許多令人惱怒的心理小疙瘩。

另外一提，就算妳願意不去要求妳想要的，或是對妳而言重要的東西，妳也無法拯救這段關係。如果妳認為可以，那只是騙自己，這不會讓妳比較快樂。

哪一件事總不斷引發你們的爭執？

_____

_____

他的論點是什麼？

_____

_____

妳的呢？

_____

_____

妳可能會使用哪些語句開頭？

- ○ 「你從來不……」
- ○ 「你每次都……」
- ○ 「你難道都沒發現……」
- ○ 「就只要一次就好，如果你……」

Day 24

第二十四天

有時候妳是不是會覺得就算是一段很爛的對話都比沒有好？我們甚至寧可用今天去交換一個被前任氣到腦充血的日子，也好過繼續忍受這種孤寂。

分手到現在已有些時日了。妳在這期間一定也曾有過這種想法：「唉，說不定也沒有我想的那麼糟。」不過大多數時間，妳都面對著一個巨大的坑洞，什麼都看不到。既無法站在它前面，也無法保持適當距離繞著它走。妳就只能直接跌進去，跌進那深不可測的洞。

然後罪惡感襲來，妳覺得這些狗屁倒灶的事全要由自己負責。妳開始厭惡自己，接著舉雙手投降。

卡特琳・韋斯林在她的小說《太棒了，那妳呢？》（*Super, und dir?*）中就讓女主角進入這個地獄：「我赤裸地站在鏡子前面，望著自己。我已經在這裡站了好一會，因為我不知道該做什麼……我望著鏡中的自己，試著理解站在那裡的人是誰，還有，這個女人怎麼了……。我看著自己，不知道問題的答案。妳怎麼了？妳到底怎麼了？什麼東西將妳摧殘至此？」

妳瞧，妳並不孤單。

在這種情況下，妳有兩種可能：妳可以繼續討厭自己，耗盡所有力氣，最後仍無力和他切割。或者現在立刻站起來，去做那些妳

平常絕不會享受的事，只因為妳一直覺得它太貴、太花時間，因為這樣那樣的理由，去他的！

做決定吧！

在你們的關係中，除了分手那天，哪一天最糟糕？

_____

如果金錢和時間都不是問題，妳現在會馬上做什麼？

_____

_____

什麼令妳卻步？

_____

有沒有一個迷你替代版？（若有，是什麼？）

_____

_____

推薦書籍 韋斯林的小說《太棒了，那妳呢？》描述一個典型千禧世代女生瑪琳娜的生活。她今年三十一歲，工作超時，原先潛藏的吸毒和關係問題變得越來越嚴重。種種危機在某個時刻演變成一場真正的戰爭，尤其棘手的是那個要瑪琳娜違背自我的男人。我堅信妳在本書中會看到現況中的妳。

第 二 十 五 天

不敢要。

不敢要是一段關係中最卑劣的折磨之一。妳需要某種東西，卻自我退縮，只因為害怕提出要求時，對方覺得妳惹人厭、缺乏吸引力或不再體貼。拒絕或漠視自身的渴求顯然是典型的女性作為。

我們當然會想取悅伴侶，但這和討好無關。一旦妳開始擔心自己因此不被喜歡，就是關係結束的開始。CJ‧豪瑟在短篇故事《鶴妻》（The Crane Wife）中描述女主角為了留住未婚夫，讓自己漸漸成為隱形人。她調整自己、委屈自己、漠視自己的需要和想望。最後，她看清自己一直在騙自己，於是取消了即將舉行的婚禮。

想要什麼的念頭不僅沒有錯，甚至再正確不過了。如果對方不懂在最糟的狀況下，「不敢要」的行為會毀了妳，他就不是那個能帶給妳長久快樂的人。每個人都需要其他的環境、感覺和東西來得到滿足。人當然無法樣樣擁有，不過滿足基本的需求是必須的。

不要停止想要的渴求！因為妳想要快樂，而不是因為飢渴。妳可以想要很多，甚至可以想要一切！

只要妳允許自己放膽去要！

哪些主題讓妳覺得妳對他或你們的關係要求太高？

- ○ 你們見面的頻率
- ○ 你們見面的活動
- ○ 你們見面的時間長短
- ○ 希望多一點或少一點的溝通
- ○ 計畫共同的活動
- ○ 計畫你們的未來
- ○ 情感表達的頻率
- ○ 希望親近
- ○ 親近的品質
- ○ 渴望情感上的安全感
- ○ 請求理解
- ○ _____

妳如何嘗試去取悅他？

_____

_____

_____

他看見妳和妳的願望嗎了？

□ 是　　□ 否

但是他也無能為力

「男人必須被女人拯救」是哪來的異端邪說？

人類史上最古老的故事之一，就是一個蠢到不行的故事：男人只能用他的力氣拯救女人；女人只能用她的智慧和情感拯救男人。這理所當然暗示了，基本上男人比較強壯，女人比較聰明也比較有同理心。同時意味著：在一段關係中，某個人總是必須被拯救。這根本是胡說八道！更扯的是，這故事還有一個加入複雜元素的進階版：如果女人獲得這段關係的難度越高，這個愛情就越真切。

梅雷迪特・哈夫曾針對這個主題寫下一篇有趣的文章《拯救我，寶貝》（*Rette Mich, Baby*），她在文中特別針對青少年小說類型「新成人」做出以下評論：「我們可以說『新成人』小說……幾乎無一例外全是千篇一律的主題，就是女人在年幼時聚積了極其充沛的能量，能量的目標是遇到一個過得很辛苦的男人，並和他進行理想的性愛。女傭以她溫暖的心和性感的身材融化了內心受傷的男主人，

這種浪漫情節一舉戰勝了性別教育的民主化。邏輯一致的還有頗為流行的女性謊言：每個不友善的男人背後只是存在著一個小小的心理陰影，用一點情色手段就能治癒他。最晚從詹姆絲的全球熱銷小說《格雷的五十道陰影》起，我們便曉得……陰鬱乖戾男人背後潛藏著教養的缺陷，而女人必須煞費苦心去領會。」

不只書籍，網路也有推波助瀾的效果，大量的歡愉和同樣大量的灰暗，不停灌輸成長中的女孩這種沒營養的東西。奧地利少女時尚網站 miss.at 是少女時尚雜誌 miss 的延伸，它在二○一九年（很遺憾並不是一九五二年）斷言：「一個強悍的女人是一個不成熟男人的（唯一？）救贖，並且有著以下論點：

一、她能幫忙戰勝憂鬱情結。
二、她能傳達另一種女性形象。
三、她能傳達另一種男性形象。
四、她能取代最好的朋友。
五、她能對他進行『再教育』。」

想想看，如果女孩從小就不斷被各種管道灌輸：對一個行為舉止一直像個幼稚的混蛋獻殷勤是值得追求的目標，她作為成人的伴侶關係又會多健康？如果男孩對女孩予取予求，只想佔有卻不願付出，這又怎麼會公平？誰會感到快樂？拯救、教育或像專案經理那樣協助伴侶不應該是成年女人的責任。這和彼此守護無關，這叫做看護，而專業看護可是有錢拿的。

在我們的社會中，女人已經負責比較多的照護工作了。照顧對

自己重要的人，不表示女人在伴侶關係中得負責照顧男人。男人必須自己知道，早上不能只套著內褲就出門。在一段關係中，如果一個人有必須拯救另一個人的錯覺，這絕對大錯特錯。

那麼，這一切和失戀有什麼關係？大有關係。就是因為妳長期一直有負責打理某人的感覺，他的缺席會在妳生活中留下一個巨大缺口，一個妳無法光用轉移注意力就能填補的缺口，因此妳會自然而然回到這個二十四小時的照護工作。這就像妳對一個一輩子憑信號開關鐵路平交道的管理員說：「你現在馬上退休，別再看管平交道了。我們不需要人看守平交道，現在有人工智慧可以用。」然而，此後就算平交道在幾公里之外，平交道看守員還是會聽到鈴聲在他耳邊響起。女人在一些最細微瑣碎的狀況仍會掛心著前任的日常，即使她早就離開他很久了。人在超市，會想著他吃飽了沒有？看到日曆，會想著他今天寄出報稅資料了嗎？在高速公路上，會想著他和驗車廠約好時間了嗎？說穿了，他就是一條巴夫洛夫的狗。

我們當然也能將這種失落感轉往一個比較健康的方向：妳何必緬懷那個只把妳當工具人的男人？畢竟看護甲很快就會被看護乙取代（說不定也會被人工智慧取代。畢竟從現在起，什麼都是人工智慧）。重點是，現在是妳要過得比較好，不是他。在這段時間花費力氣去幫他毫無意義，他也絕不會因為妳不在就無法自理生活。

對一個長期負責他生活大小事的人來說，想到他沒妳也能過得好好的，實在很難過。但事實就是如此。這是妳必須交出的控制權，雖然失去這個控制權幾乎像被甩一樣痛苦。女人的痛苦已經很多了，其中一部分還是因為父權作祟。真是夠了！

在奧地利青少年平台的一篇厭女文章以這幾句話作為開頭：「男

人以某種方式永遠停留在小男孩階段，這也是他們迷人、吸引女人的一大原因。不過，就某些方面來看，他們需要被溫柔推一把，推往現實的方向，而這個推手最好是他們所愛的人。不，我指的可不是他們的媽咪！！！」

此話當真？

真要講誰該負責不讓男孩變成踐踏感情、自以為是的混蛋，那人應該是他的父母。身教重於一切。但只要有人一直寫這種垃圾文，有人一直抱持這種觀念，性別平等行不通也沒什麼好奇怪的。

第 二 十 六 天

生活中會有些時期只是純粹為了活下去。一天熬過一天，為了一個特定目標工作，即使這個目標只是等待某件事情過去。譬如一個重要的考試、期盼多時的搬家，或者只是休假的前一天。這有點像掛在驢子鼻嘴前的紅蘿蔔。我們內心抱持著信念：等到那天，一切就會好了。

一段關係經常也是如此。灰暗的時期、艱難的時期、混亂的時期，都是以「它就是一個過渡期」的想法撐著，這是一種特殊狀況。

而生活就是一連串特殊狀況所組成。如果你們在裡面走不下去，在外面更不行。一段美好關係其實是十分老派、浪漫的：好日子、（尤其）壞日子都走得下去，而要做到這點並不需要某個網紅寫的勵志格言，這其實是一件理所當然的事。

期望抵達某個里程碑之後，你們之間的關係就會變好，就是在用謊言美化事實。實際上恰恰相反，這些逆境應該和「韌性」焊接在一起。「韌性」指的是戰勝危機的心理抗拒能力，並且透過對個人和社會資源的倚靠，運用它來發展自我。韌性不是人人天生都有，這當然又和我們的孩提經驗有關（意外吧！），不過韌性是能學習的。這個主題的研究目前相當熱門。從幾年前開始，在美茵茲成立了歐洲第一個「韌性」中心，隸屬於當地大學。目前我們可以很確

定的是：伴侶長相廝守的秘密在於他們在危機時相互扶持，這強化了兩人的關係，甚至還建構了穩定的健康狀態。

　　簡言之，如果那傢伙不打算成為妳在艱難時期的支柱（而妳也不打算成為他的），那你們的關係就宣告破局了，不管你們過去已經撐了多久。

　　別浪費妳的時間了！

妳最後試圖抵達哪些里程碑？

_____

_____

_____

他在什麼狀況下丟下妳不管？

_____

_____

_____

摸著良心說：妳在什麼狀況下丟下他不管？

_____

_____

_____

Day 2 7

第二十七天

　　如果會感覺疼痛，必定就是真愛不是嗎？但那是愛嗎？這是愛嗎？它還會回來嗎？它離開了嗎？妳何必這麼氣自己？

　　每個人在分手之後遲早會問自己以上這些問題。處在這場感情風暴中，妳充滿了不信任感。妳突然能真實體會失去理智的感覺了。這令妳憤怒，但是因為妳無法將怒氣發洩在那個始作俑者身上，因為他不在場，妳只能找一個最簡單的解決辦法，就是找自己出氣。

　　真愛是純粹個人的感受，大概沒人能正確回答何謂真愛。排除法可能是能獲得解答比較好的方式。碧安卡·雅可芙斯卡在她的《千禧宣言》（*Millenial-Manifest*）中貼切表達：「直到今天，我都不知道愛是什麼。我只知道它不是什麼，它不可能是什麼。愛不是因為他久久不回訊息或是約好見面，我苦等多時，他卻臨時取消約會造成的腸胃不適感；愛不是未告知就離家十四天；愛不是也許在五年後才住在一起。」

　　怎麼樣？有沒有一種熟悉的感覺？

　　那是什麼其實無所謂，因為現下它就是一個不好的東西。妳覺得自己應該及早嗅出警訊，就比較能認清對方或不過份輕信他，妳大可以對此盡情發飆，但不是對妳自己。

爛人爛事賓果

選出他可能會説的渣男語錄：

我的手機沒電了	我沒看到訊息	這個我目前還不知道
抱歉，我完全忘了這件事	太好了，你和別人女人很不一樣	我平常真的不是這樣
這和妳沒關係	我必須先療傷	我還需要時間讓自己接受某人

對於這些說辭，妳的回答也只會有一種：你是認真的嗎？

Day 28

第 二 十 八 天

　　以下的例子純屬虛構，從沒發生過，有的話頂多是類似的情況。姑且稱故事中的兩個主角為馬克斯和莫里茲。馬克斯與莫里茲是好朋友。莫里茲的聰明指數和一塊不新鮮的白麵包不相上下；而馬克斯沒什麼主見，因此總是喜歡詢問莫里茲的意見。莫里茲堪稱鼓掌大隊，對馬克斯所說的一切一律拍手叫好，兩人是一唱一和的最佳拍檔。當馬克斯和女友分手後，莫里茲開酒慶祝，因為老朋友終於又完全屬於他一人了。

　　覺得這個故事似曾相識嗎？很可能每個女人都有這種經驗（每個男人也是）。就算妳覺得莫里茲蠢透了，妳還是會覺得難過。不過小小的安慰是，現在終於不必繼續忍耐他和他的智障兄弟了。

　　但糟糕的是，妳在分手之後發現共同朋友開始選邊站，雙方占比會讓妳大吃一驚。所有理性的人都努力展現公平，盡量不偏好任何一方，但每個人必然有他的喜好傾向。現在叫人傷心的事來了：心理治療師沃夫岡・克魯格說，人在分手之後差不多會失去一個朋友圈。妳因為分手被破壞的心靈穩定性，之後必須從自己的（好）朋友圈中平衡回來。

　　妳想留住哪些朋友？哪些朋友慢走不送？哪些朋友比妳原本認為的好？重點是，妳也不能出於想贏的心理來做考量，畢竟友誼不

是離婚時的財產分配。就算妳想，妳也無法左右朋友們的決定。這不是在爭誰是贏家、誰有最多的擁護者，雖然妳很想這麼做，因為妳覺得自己已經失去太多了。

妳想留住哪些共同朋友？

_____

_____

哪些共同朋友一定會站在妳這邊？

_____

_____

他的哪些朋友是你們在一起時，妳才認識的？

_____

_____

妳最受不了他的哪些朋友？

_____

_____

Day 29

第二十九天

　　不少伴侶關係治療師相信，如果伴侶同時也是最好的朋友，對維持長久關係大有助益。他們喜歡引用尼采的話：「婚姻不幸福並非缺乏愛，而是缺乏友誼。」可是因為尼采的觀點也非常可疑，所以我們會參考伴侶關係專家哥特曼和艾絲特・佩萊爾的看法。他們兩人的觀點有一點出入，尤其在針對「情人和最好的朋友兩個角色都需要付出許多」這個事實上。不過，如果妳對那個和妳有肌膚之親的男人也會傾吐一兩件情感方面的事，而妳又真的感覺滿好，說不定魚與熊掌是可以兼得的。

　　但是，如果這個人離開了呢？矛盾的是，在如此一種特殊心理狀況下，偏偏我們又渴望找那個搞砸一切的人說話。最近幾個月、幾年不是一直如此嗎？這是自然反應、常規與習慣。海克・布呂那和勞拉・艾維特在他們的分手案例合輯《現在夠了——不再和自由分手》（*Schluss jetzt. Von der Freiheit sich zu trennen*）中有貼切的描述：「這是一個怪異的時刻，一下子要和你最親密的人保持距離。在過去五年、十年或更久，這個人是你可以觸手可及的，然而從這一刻起不再可以了。」

　　那麼，當妳無法承受心碎、腦中混亂和沉重肩膀時，妳能找誰呢？請不要找前任。然而，找完全不對的人尋求安慰已經變成一種

渴望，有時真的無能為力。

　　儘管如此，妳還是要試著忍住這種渴望。忍耐失戀有一點像戒酒。那種渴望一直都在，關鍵在於妳驅逐它的意志力有多強大。如果妳屈服，一切又將從頭來過。有一段無名酒癮者的禱告辭很適合這個時刻，也適用於其他人：「神啊，請賜予我平靜的心，去接受我無法改變的事；賜予我勇氣，去改變我能改變的事；賜給我智慧，去分辨兩者的區別。」

他在什麼狀況下曾是妳最大的安慰？

_____

_____

_____

　　將這些美好時刻留存在記憶裡。並非一切都是爛事，但也不是所有都很美好。

在哪些妳需要有人依靠的情況中，他卻表現得很差勁？

_____

_____

_____

Day 3 0

第 三 十 天

　　溫暖的皮膚，纏綿的親吻，滑過臀部的指尖。什麼時候愛撫的次數開始變少？什麼時候完全沒有了？從什麼時候開始，你們做愛時心不在焉？

　　性愛，是親密指數的測量計。

　　很多伴侶在分手之後會低聲承認：早在關係畫下句點之前，他們就不再撫摸對方。性行為的平均次數可以從具體數據得知：年齡介於十八至二十九歲的人一年一百一十二次，也就是一星期二點一五次；三十至三十九歲的人一年八十六次，也就是一星期一點六五次。無論是否符合這個標準，妳很清楚從什麼時候開始，性生活的次數變得太少或甚至沒有了，這並不奇怪。

　　昨天提到的心理治療師佩萊爾對此做過一場精采的 TED Talk 演說。她說：「在一段穩固的伴侶關係中，若想維持雙方的渴望，兩種人類基本需求必須維持平衡。一方面是對安全感、可預期感、呵護感、依賴感及持久感的需求，這些都是我們生活中被確認且被設想出的經驗，我們稱之為『我們的家』。但另一方面，男人和女人對冒險、新奇、神秘和危險，對未知、不可預測和驚喜，同樣有著強烈的需求。」但是一個人如何能同時承擔這一切呢？

　　這是一種令人錯亂的負擔，並不是所有伴侶都能找到對策。如

果再加上日常磨擦和拒絕，就會留下傷害。我們當然想保護自己不受傷害，所以性愛就越來越少了。

　　這當然很悲慘。兩人一定很想回到幾乎隨時隨地都能享受性愛的最初，那時性愛是共同語言的一部份。但是你們可能無法成功找回過去了。這是人性。沒人有錯。原諒妳，也原諒他。

在你們的關係快結束時，你們的性生活頻率？

原因：

- ○ 他經常拒絕我
- ○ 我經常拒絕他
- ○ 性沒有激情
- ○ 我們已經沒有相同的喜好
- ○ 我對我的身體不再感到舒服
- ○ 他對他的身體不再感到舒服
- ○ 我覺得這對我太少了
- ○ 我覺得這對我太多了
- ○ 我根本無所謂
- ○ 我覺得他不在乎我

Day 31

___/___/___

第三十一天

　　分手之後還有人會像前任一樣理解我們，這種想法似乎極其荒謬。怎麼可能？單從我們根本沒興趣在某個時刻對某個人重述一次這些雞毛蒜皮的瑣事來看，這件事就不可能發生。這太耗神費時了，簡直恐怖，我們甚至寧可因為電梯故障爬二十三層樓五次。

　　妳明白這可能是過度反應。但是「挫折的吸引力」（參照第十天）的巨大效應會大規模清除這一切，而且是以最強效的化學清潔劑來清除。比較聰明的作法是將事情倒過來理解，思考妳有哪些地方是前任根本不瞭解的。伴侶治療師郝茲貝克認為：「『你不瞭解我！』是愛情關係中最常見的絕望吶喊，也最令人震驚，因為我們無法忍受最重要的人卻不瞭解我們的感受，不明白我們的心緒流動。如果父母無法體會孩子的需求，每個小孩都會因寂寞和絕望而哭。成人的我們若感到不被理解，也會體驗到相同的寂寞和絕望。孤單深藏在我們的基因裡，我們無法擺脫它。」

　　首先，妳並不孤單。妳只是不再和這個男人在一起。這種感覺很寂寞，但和孤單無關。一定有很多對妳很重要的人，反之亦然。

　　不被理解很痛苦。這也激發了我們的鬥志，費盡心思、使盡手段，一心想讓對方理解我們想討論的主題。這之於我們自己是很勵志，然而對前任卻是對牛彈琴。他不再需要理解妳，妳也不再需要

理解他。而且妳也缺乏太多關於當時的他的資訊了，妳當然可以像
FBI 一樣研究情報資料，但是何必呢？分手就像當初愛上他一樣：
關於那最後的、神秘的百分之三，為何恰好落在這個人、這個狀況
和這個時間點上？這恐怕永遠是個謎了。

　　我們可以在事後回顧小聲地承認：幸好人總會不斷碰到某個能
理解自己的人，能理解當下的自己的那個人，因為人也總是一直在
改變。

他在哪些狀況下無法理解妳？

_____

_____

_____

哪些是你們討論時一再出現的主題？

○ 家庭　　　　　　　○ 休閒安排
○ 朋友　　　　　　　○ 小孩
○ 工作　　　　　　　○ 時間管理
○ 金錢　　　　　　　○ 體貼
○ 假期　　　　　　　○ _____

Day 3 2 ___ / ___ / ___

第三十二天

　　分手不僅是一種對愛情的背叛，也是一種對自己的背叛。不再忠貞的通知像是抽走妳腳下的立足之處。

　　能夠暴怒的日子還算是相對良好，但沉默凝視著窗外的日子就比較糟糕了。因為只要有事情發生，妳多少還能感到有些生氣。沉默凝視則相當危險。文學家顧達‧文特米勒問道：「為什麼我們覺得沒有愛情不行？因為我們相信愛情造就了所有人。它不僅僅是一種來來去去的體驗，它還觸動了我們，那個完整的、『自我』的我們……愛情無所不在，它已全面整體化。覺得自己被它隔絕的人，是覺得自己真的被世界隔絕了。」

　　你們分了，因此妳不能再公開參與這個社交遊戲。妳可以木然以對，也可以在街上丟一顆大汽油彈。丟一顆，然後再丟一顆。妳可能會把麵包店炸到開花。但重要的是，汽油彈要往外丟，不是往內丟。往內丟意味著不吃、不睡，停止回歸日常，不做這個、不做那個。還不如開始做這件事、開始做那件事吧！

　　第六天提到的湯瑪斯‧邁爾說：「每一次糟糕的伴侶選擇就是一個很好的教訓……妳在其中欲求不滿，需求因而越發強烈。沒有任何其它事物能比這種情況讓妳學到更多。如果妳從未感受過痛苦的心理匱乏，如何發現妳的靈魂需要什麼？如果妳從未徒勞嘗試，

如何發現什麼東西真的不適合妳？

　　這裡這一位不適合妳。點燃汽油彈吧！OK 的。

必須滿足哪三個基本條件，妳才覺得被愛？

_____

_____

_____

妳今天的憤怒程度？

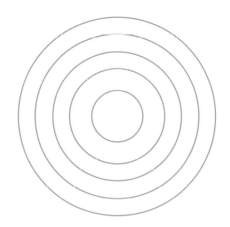

Day 3 3

第 三 十 三 天

　　分手之後，被甩的一方就像一隻在逃亡的動物，時時監測、分析周遭環境，豎耳傾聽可能被忽略的威脅或情勢。所有關於前任的資訊被全面性觀察、審查及歸類，以便稍後能再度將它調出，再一次觀察、審查及歸類。所有他曾做過和未做過的行為被詮釋成妳現在最想要的樣貌。這就是所謂的「情意捷思」。

　　很美、很文青的一個詞彙不是嗎？當我們以情感為基礎做判斷，心理學家即以此下定義。意見和決定常常只基於個人喜惡，而排除其他可能。講白一點就是，如果妳不願意接受前任不想再和妳在一起的事實，妳就會將所有他曾經做過和未做過的行為解讀為：他終究會再回來。

　　我要清楚告訴妳：他離開妳了，不會回來了，無論妳怎麼解讀都一樣。

　　這段話現在讓妳有點難受嗎？

　　沒錯，但是難受正是不屈服於「情意捷思」的唯一武器。

妳中了哪些？

○ 他甩了妳

○ 他甩過妳好幾次了

○ 他的決定不可信

○ 分手以來，他曾希望和妳進行對話

○ 他根本不想和妳說話

○ 他已經有新歡了

○ 有人看到他和別的女人在一起

○ 他還有妳的東西

○ 他常聯絡妳

○ 妳常連絡他

○ 你們當中有一人或兩個人在酒醉時會私訊對方

○ 妳希望他回來

○ 妳不希望他回來

○ _____

33天
達成 總結

「甩人的那方沒有痛苦。甩人的那方不需要說話。他甩了人，事情就結束了。這就是巨大的痛。被甩的人沒完沒了地說著傷心事。而這些叨叨絮絮只是試圖告訴別人，甩人的那方搞錯了。如果他看清楚事情的癥結，他就不會這麼做，他就會愛這個說話的人。說話的人說了這麼多話，目的並不是要弄清楚她所宣稱的事，而是要說服他、要勸服他。」這段話出自安德森的小說《非法占有》，將這種思想恐怖做了很好的詮釋。

妳還有話想說嗎？

妳還有問題嗎？

如果答案不是妳想聽的，妳會怎麼樣？

你們已經分手三十三天了。也許在這期間你們曾說過話或至少聯繫過，然後呢？真的有比較好嗎？還是一切又從頭開始？

妳現在進行的協商對象是妳自己，雖然這種自我對話無庸置疑並不舒服。妳是不是經常發現自己盯著手機螢幕，希望它亮起？妳是不是總在腦海中想好妳還想說出的語句？那些妳可能在這期間已寫在手機裡並打算刪除的語句，那些還能抵擋世界末日的語句。它們還留在你的腦海中，等著被取用。一切如此孤寂，如此痛苦，如此卑鄙。這些語句靜靜躺臥，腦和心卻不止息的運轉。所有情況的

回憶和分析，必定多少觸動了妳。和自己的協商可以暫停，觸動卻不會。現在起妳只能朝一個方向走：前方。

　　該是做個總結的時候了。

妳會如何描述妳在過去三十三天的網路跟蹤。
畫一條曲線：

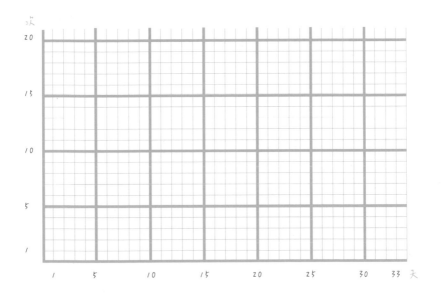

妳明白了哪些事情？

哪些事情是妳還不明白的？

什麼事情進行得比妳原先想像的好？

什麼事情進行得很糟糕？

妳學到了什麼？

分手到現在，他做了哪些蠢事？

分手到現在，妳做了哪些蠢事？

我想要快點再見到他	☐ 是	☐ 否
我還有話想對他說	☐ 是	☐ 否
我還想和他上床	☐ 是	☐ 否
我還有事想對他解釋	☐ 是	☐ 否
我想要他回來	☐ 是	☐ 否

什麼事情令妳感到驕傲？

補償

34 —————— 66

第三十四至第六十六天

Day 34 ___/___/___

第三十四天

　　總是會有些妳根本過不去的日子。就算妳在早上起床時，用盡全力掛上面具、架好撐住自己的支架，但只要一絲微風就能將它和妳吹倒。是的，妳維持一切體面的嘗試便以失敗告終。

　　一首悲傷的歌曲、一杯濺出的咖啡、一個紅燈、一個在捷運罵妳的白痴，總有某件事物會讓妳失落消沉。妳會試著忽略它。一次、兩次、七次。然而，在某個時刻，妳會忍不住用頭抵住桌面或是靠在辦公室廁所的牆邊，流淚不止。與其拼命忍住眼淚直到第七次才投降，倒不如一開始就豁出去放聲大哭。反正痛苦遲早會追上妳，痛哭也沒什麼大不了的。

　　大哭特哭吧！終於！

　　不要再假裝妳過得很好了。妳過的一點也不好。

　　「哭泣代表人在調適心理，從不舒服的經驗中釋放出來。」心理學家伯恩特・阿爾貝克說。「哭泣尤其是無助的表示。」對於眼睛而言，哭泣除了保持它的濕潤，沒有其他用處，而濕潤眼睛只需少量水分。人類是唯一不僅為了濕潤眼睛，也會因為心靈上不再平穩而落淚的動物。

　　這裡還有一些不太出人意外的證明數據：根據德國眼科協會的統計，女人一年哭泣三十至六十四次，男人卻只有六至十七次。而

在十三歲之前，男孩和女孩哭泣的次數一樣多。所以在那之後發生了什麼事？父權主義上場了。壓抑情感是過去世代設想出的垃圾，那時大家還相信女巫，也還會把排泄物往窗外倒。

　　我們還要繼續如此嗎？不要吧！就哭吧！

妳最近一次哭泣是什麼時候？（寫下年月日）

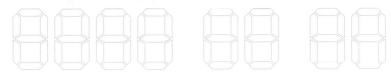

妳這星期哭泣的頻率？

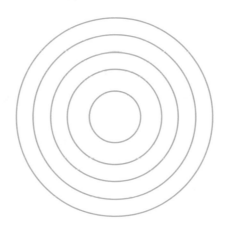

Day 3 5 ___/___/___

第三十五天

　　有一則關於復仇女神和水芹籽的美麗都市傳說：有個女人發現
她的伴侶出軌。兩人並不住一起，但各自有對方居所的鑰匙。在女
人發飆怒斥、逼問實情之後，男人為了圖個清靜便出門遠行。女人
一得知男人離開家，立刻衝往 DIY 店採購，接著去男人家。還記得
她有鑰匙吧？她把全部的地毯、抱枕、窗簾、布沙發和床統統灑上
水，然後將一包特大包裝的水芹籽均勻撒在濕潤的表面上。水芹籽
只需幾小時就會發芽，於是幾天後，男人家成了一片綠色的有機溫
床，徹底毀了。

　　這個故事真是大快人心，不是嗎？

　　但愚蠢的是，那女人仍然覺得遭受背叛並且受傷。

　　儘管如此，復仇不見得就是壞事。心理學家馬里歐・戈爾維策
多年來一直從事復仇現象的研究。他如此定義：「復仇是一種自我
價值的滿足和追求正義的需求之綜合體。」他從各項研究中得出結
論：復仇的確有一種宣洩作用，只不過很短暫。若要使一個人的復
仇心理獲得真正的滿足，必須有實際的快意產生，這幾乎不可能，
因為沒有一樣東西能化解情緒上的傷害。被水芹籽毀掉的房子也辦
不到。

　　所以，如果妳的內心劇場已上演了各種復仇戲碼，就只管讓它

繼續演下去。但是就打消在現實生活中對前任採取報復手段的念頭吧！相信因果報應。記住，業障是下流小人，它會無情反擊，妳只需要靜候。

妳最喜歡的復仇劇情是什麼？

_____

_____

_____

妳曾復仇過嗎？　　　　　　　　　　　　　　　□ 是 □ 否

妳因此觸法了嗎？　　　　　　　　　　　　　　□ 是 □ 否

這件事今天還能帶給妳復仇的快感嗎？　　　　　□ 是 □ 否

Day 3 6

_____ / ___ / ___

第三十六天

「按理說不應該有差別,可是最糟糕的日子是星期五晚上和星期六晚上。它們之所以最糟糕,是因為這時的寂寞感最強烈。你頂多只能希望外面還有另一個人和你有類似的處境,不過就算有,你也不可能認識他,因為這個人和你一樣絕對不出門。」這種困境可能讓妳感到熟悉,這裡說的是文生,喬伊·高伯爾的同名小說中的主角。小說裡描述一個極具天賦的男孩,只有在他心痛至極時,才能創造出偉大的藝術。為了確保這一點,他的經紀人刻意讓難受、傷心的事持續不斷的發生在他身上。我不劇透,妳最好自己讀這本書。

妳現在可能會問:是不是也有這樣一個人,持續不斷地折磨妳?說不定還有人付費請他讓妳的人生過得艱難。雖然不太可能,但誰知道呢?好了,別再鑽牛角尖了,出去走走吧!走入城市,走進人群中,走進一間夜店,走進一個酒吧。最好是在星期五晚上或星期六晚上。不要一直待在家看 Netflix,瞪著天花板。妳當然可以待在家一段時間,但是社交能改變妳的大腦,而且成效顯著。密蘇里大學的最新研究再次證實,轉移注意力是三種重要的失戀補償策略之一。另外兩種之後會介紹。

如果妳將這些悲傷、憤怒和失望轉變成其他東西,也許妳真的

能創造出偉大藝術。可是，如果妳的天賦是變得多疑，妳就該停止和自己討論。天氣不好，衣服普通，頭髮沒洗，這些統統無所謂。就出去吧！就算一下子也好。就算妳今晚只是一直講他的事，也沒關係。不管怎麼樣，還是要讓大腦將資料歸類一下。

妳最後一次非工作的外出是什麼時候？
（寫下年月日）

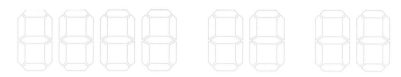

妳能和誰在酒吧裡好好待著、不發一語或是滔滔不絕地聊天？

_____

_____

_____

_____

推薦書籍　很少有小說主角像高伯爾小說中的文生那麼令人心生無限憐憫。這個可憐的男孩飽受生活磨難，相形之下，妳的人生可能看起來既美好又富朝氣。對此，妳真的可以露出欣慰的笑容，雖然淚水仍不時在妳的眼眶打轉。

第 三 十 七 天

　　沒人有空。至少那些妳希望在這種情況下和他們在一起的人，或者更確切的說，那些妳想要他們陪伴妳一起熬下去的人，他們統統沒空。

　　寂寞與和孤獨不同。孤獨可以是一種極其美好的感覺：穿著睡衣在家裡閒晃，廁所門不關，連著幾小時將一整套《法庭女王》重看一遍。或者，在一個新城市裡穿梭，在陽光下吃冰淇淋，花錢買不需要的衣服。沉默的消費，真是妙不可言。

　　但寂寞就只有難受可形容。一種不知該朝哪裡去的不安感，是一股驅力，卻又不讓人前進。緊緊卡在當下，卻又一直無規律的晃動。令人作嘔，而且危險。美國猶他州楊百翰大學的心理學家茱莉安‧霍爾特－朗斯戴不久之前和同事共同發表了一項綜合研究報告。研究顯示，寂寞和社交孤立是當前西方社會最大的健康隱憂之一，其危險性甚至高於肥胖。單在美國就有超過四千兩百萬人長期感到寂寞，他們生病和早死的風險也比較高。

　　從孤獨變成寂寞的過程是不知不覺進行的。安雅‧瑞策對此曾寫了一本蠻有意思（主要是非常有趣）的書《孤獨甚至好過沒朋友》（ *Lieber allein als gar keine Freunde* ）。她認為「自願的寂寞」與「非自願的寂寞」是不同的。後者是指「當一個人感到非自願的寂寞，

很可能是他對去認識人有困難。建議他或她去認識人就像叫一個溺水的人快點游泳一樣。」

昨天我們認為妳是「自願的孤獨」，
今天我們認為妳是「非自願的寂寞」。

如果沒人有空陪妳，妳會感到寂寞嗎？	☐ 是	☐ 否
如果某個特定的人沒空，妳會感到寂寞嗎？	☐ 是	☐ 否
妳曾連著幾星期感到寂寞嗎？	☐ 是	☐ 否
妳今天是否已經約了某個人見面？	☐ 是	☐ 否
那個人拒絕妳了嗎？	☐ 是	☐ 否
妳真的感覺到「非自願的寂寞」嗎？	☐ 是	☐ 否

建議　如果妳是「非自願的寂寞」，妳曉得該怎麼辦（參照第三十六天）。如果妳不是「自願的寂寞」，請尋求專業的協助。第一步是打電話給當地的心理治療協調中心，預約一個諮商時間。馬上能約好，毫不丟臉，而且一點也不複雜。

Day 3 8

第三十八天

　　有些事情一時難以找出合適的字眼來表達，這件事可能也是其中之一。要真的能說出「分手」這個詞，通常已經過了好一段時間（一開始忍不住咒罵的脫口而出不算數）。妳才不想搶先宣佈，也許這只不過是一次暫停，一次休息，一次思索。一旦講出「分手」，就代表貼上標籤了，而且這必須是雙方已經很確定才能這麼做的。得要十分確定，百分之百確定。可是，除了死亡，人生又有什麼事是確定的？（傷感啊！）

　　也許妳還沒準備好將你們關係結束的事實昭告眾人。但妳可以描述一下這個被認為是失敗的事件，而且完全只為自己而做：我已經嘗試過要好好維持這段關係，只是沒能成功。失敗的原因只有妳自己知道，也不可能只有一個人要對此負責。

　　此外，關於「錯誤」的說法才是大錯特錯。沒人有錯，只是彼此不適合。結果導致兩人當中至少有一人不想再和另一個人相處，起碼不是以你們目前的角色。要接受這點相當困難，情緒會時起時落。請不要對妳自己期待太多，更不要對前任抱有任何指望。他做什麼是他的事，不是妳的事。這裡談的事情只和妳有關。

妳覺得他的哪些行為模式太苛求了？

他覺得妳的哪些行為模式太苛求了？

妳覺得在哪些情況下，妳其實可以有不同的反應？

Day 39 ___/___/___

第三十九天

　　他人表面上的快樂，就像賞了處於分手狀態中的妳一巴掌。當自己的關係破碎時，周遭人的快樂對妳的穿透力卻更甚於以往。星期天吃著早午餐的一對對愛侶，兩人中間隔著加了重奶油的熱巧克力，彼此深情對望。妳恨得牙癢癢。拜託！這年頭除了討人厭的熱戀情侶，到底還有誰去會吃早午餐？

　　先把嘲諷撇一邊吧！妳有這種心理投射是可以理解的，妳不懂為什麼別人的關係就幸福美滿，妳的就不行。事業有成、穩定的兩人關係、美好的性生活（隨興！）、漂亮的房子，可能還有聽話乖巧的孩子，為什麼他們可以妳不行？妳哪裡做錯了？妳哪裡不對？為什麼這種事（總是一再）發生在妳身上？好，首先，這是一個很主觀、尤其因為周遭環境而產生的晦暗感受。假如妳真的覺得相同的事總是反覆出現在妳身上，妳可能要諮詢找出原因，問題可能出在妳意想不到之處。但也可能事情就是如此。絕對可以確定的是：妳只能看到這些人的表面。這些看起來幸福滿溢的伴侶們，在他們時髦風雅的房子裡，肯定有發臭之處。沒有人能擁有一切。妳不能，他們也不能。如果妳現在無法忍受這些愛侶，就避開他們。對花生過敏的人也不會吃士力架巧克力。

　　改和單身朋友碰面，妳就可以和他們聊關於幸福情侶們的「多

重面貌」，而不會被指責為忌妒心作祟。

哪些朋友圈中的情侶是妳目前最好避而遠之的？

_____

_____

_____

以下是妳可以回絕他們邀約的一些藉口。
哪幾個妳會拿來用？

- ○ 我得等快遞來
- ○ 我媽來找我
- ○ 我皮膚長疹，不知道會不會傳染
- ○ 家裡漏水
- ○ 我忘了關冰箱的門
- ○ 木工要來看地板的裂縫，他只有今天有空來
- ○ 大姨媽來了（最後的殺手鐧！）
- ○ 我剛吃的壽司不太新鮮

　　如果能直接這麼說當然更爽快：「喂，我現在沒興趣看你們放閃。」不過也只能偶一為之，畢竟妳也不想四處挑釁、點火吧！

Day 40

第四十天

　　正念是這個時代最火紅的詞彙，無可避免地伴隨正念應用程式的出現，尤其是那些提供「冥想帶著走」的 APP。當前市佔率最大的兩大冥想軟體是「Calm」與「Headspace」。二〇一九年上半年，光在德國的下載次數就接近七百萬次。全球營業額年年倍增，市場反應熱烈。十分鐘冥想帶動一整個社會階層的專注覺醒。科學家在全世界對這股熱潮的效果進行研究。截至目前所知：它們無害。至少在極小的範圍內，對使用者及其狀況也測到正面效果。

　　冥想當然很好，但是冥想大師說在真正進入禪宗殿堂之前還有一段漫漫長路要走，他這麼說自然有充分的理由。單憑每天搭車通勤或在超市中排隊時收聽這種應用程式就期待入禪，未免也太樂觀。不過，這種應用程式絕對能幫妳專注當下。至於「冥想是對抗失戀的有效工具」這種宣傳，則是鬼扯，瞄準商機的行銷人員當然會順勢設計出「對抗失戀冥想」的應用程式。如果妳不熟悉冥想，這玩意幾乎幫不了妳，反而會造成反效果。因為冥想無法將妳從腦袋裡風暴中解放出來（不管有沒有使用應用程式），而是會讓妳變得異常沮喪。好的冥想會讓妳的感知力更敏銳，對事物的感受比以往敏感許多。如果妳準備好了，請便，否則就先放輕鬆（並放下手機）。與其不停求諸內心，倒不如先好好釋放怒氣。

所以，這類冥想應用程式頂多只能當助眠器使用。電子書也具備同樣的功效。最好找一本和愛情無關的。也不要和人有關。和感情有關也不要。《外星人戰士》（*Alien Splatter*）如何？還是《巴伐利亞最棒的馬鈴薯丸食譜》？

垃圾賓果

哪些冥想應用程式上的語句聽起來不錯，目前卻一點用也沒有，更別說能讓妳掏錢買了？

做妳自己	打開妳的感覺	人性本善
過程即是目標	專注在妳美好的感覺上	把不好的念頭推開
讓想法如雲朵般飄過	安撫你的靈魂	專注當下

Day 41

___/___/___

第四十一天

　　如同許多在納粹掌權時期的藝術家，劇作家布萊希特也在一九三三年流亡到國外。他先到芬蘭，再去美國加州投靠他的朋友福伊希特萬格。他在這段時期所創作的文學作品，多以孤立、鄉愁和疏離為主題。這些流亡作家不曉得何時能回老家，也不確定是否回得去。未來既不可知又令人害怕，過去則令人惱怒、煩憂。布萊希特稱他這段人生時期為「間隙時期」。

　　對於妳現在的處境，可能沒有比這更合適的詞彙了──「間隙時期」。妳不再是一對伴侶的一部分，但也還不算單身。妳沒有真正歸屬的地方。歸屬某處是一個人類數千年以來的共同願望，沒有歸屬感毫無疑問會令人絕望。想抹除它的人就是缺乏同理心的渾蛋。想到不知道這種情況還要持續多久，的確讓人恐懼，然而可以確定的一點是不會永遠如此。妳只要意識到自己正處於這個時期，就足以讓妳發揮影響並洞悉這一切。它會過去，妳腦海中的戰爭會停止。現在是為之後的清理工作開始做點準備的時候了。

下面哪些事情是妳在掃除內心塵埃之後會去做的？

○ 找一個新的住所
○ 去一個特別的地方旅行
    （哪裡？_____）
○ 剪頭髮（老套又怎樣，根本無所謂）
○ 學習一種新的語言
○ 參加一個工作坊（例如：捏陶、製作昆蟲標本等等）
○ 聽一場演唱會
○ 閱讀更多書籍
○ 做運動
○ 刺青
○ _____
○ _____
○ _____

第四十二天

　　美國婚戀交友網站 eharmony 幾年來定期在美國進行一項調查，調查結果有一個極現代又商業的名稱「幸福指數」。值得注意的是，這項調查的對象不僅限於異性戀者，也涵括女同性戀者、男同性戀者、雙性戀者與跨性別者族群，並且對各年齡層族群進行評估，包括千禧世代和 Z 世代。

　　該網站在二〇一九年訪問了二千名參加者，他們均有穩定的伴侶關係。訪談目的想知道是什麼造就良好的關係？調查結果顯示，伴侶雙方有類似的興趣是一大因素，不過這裡的興趣指的是價值觀和人生規劃。大家經常將它和共同的休閒嗜好混為一談。總之，共同嗜好並非幸福關係的關鍵。更重要的是，你擁有想和對方分享的熱愛事物。然而一提到日常休閒活動，許多人便忘了自己原本熱衷的事，甚至為了配合和伴侶一起的共同時間而捨棄了自己的愛好（玩線上遊戲、蒐集迷你花瓶、騎單車越過所有橫跨萊茵河的橋）。

　　錯！這真是錯得離譜！

　　但偏偏已經發生了。

　　這是個舉世普遍的現象。下一次你要仿效古人結繩記事，在想像的手帕上打上想像的結，用來提醒自己：請別因為湯姆放棄妳蒐集世紀末時代綁帶鞋的愛好！否則對妳、對關係都沒有好處。

妳在最近這一段關係中放棄了哪一個嗜好？

妳的前任覺得這個嗜好很愚蠢嗎？

他有妳覺得無聊的嗜好嗎？

如果有，是哪一個？

你們曾經嘗試去從事對方的嗜好嗎？

妳或他很快就不想再繼續下去了嗎？

妳會想再開始（或繼續從事）這個嗜好嗎？

妳是否真的有一個正當理由不想繼續這個嗜好？

第四十三天

在一段關係中會出現多不勝數的物品：從對方那裡借來的、寄放在對方家裡的、對方送的或妳送對方的。這是他去度假帶回來的手環；浴室裡還有他買的沐浴乳，因為他不想在早上工作時，身上帶著杏花味（雖然他的女同事曾讚美他身上的杏花味，但他認為這無法顯示他的男性氣概）；你的衣櫃裡還躺著一件灰色帽 T，是很久以前妳在腳踏車上被暴雨淋成落湯雞後，他借妳穿的（之後你們當然就上床了）。

妳大概也發現這些物品是依據妳的回憶來分類。

回憶目前仍令人痛苦不堪，所以妳必須做到眼不見、心不煩。拿出兩個箱子，一個放入妳會想起他，但想保留的回憶；另外一個放入妳要還給他的東西。然後，別再想像親手將這箱子交還給他時的戲劇性場景（在一個打雷閃電的寒冷日子裡）。你們再度相見會發生什麼事？我現在就能告訴妳：妳內心會波瀾再起，會有情緒起伏，不好受的。

很可能妳對此還未做好準備。有些人認為親自做個了結、親自歸還東西、親自處理最後程序，比較體面，但這不過是現代利他主義的迷思。事實上，這是一種極其變態、披著偽道學外衣的偷窺狂行為。妳只是想看自己像個成熟大人般行事，因為「事情本來就該

如此進行」。有時候，以電子郵件或簡訊有條理地處理對當事人比較好。至於前任留下的東西，有一種服務叫做郵寄。喔對，可能還有一堆他留下來的零錢。（對於同居或曾同居的伴侶們，當然還有一個處理緩衝期。上述的情況是適用於已經分居的伴侶們。）如果對方吝於自掏腰包寄還妳的東西，妳可以將郵資轉帳給他，然後加註：去你媽的！

妳想還給他的東西：

妳想保留的東西：

Day 4 4 ___/ · /___

第四十四天

　　市區處處是地雷。街道上四處充滿了回憶，提醒妳那些你們曾共度的美好和不美好的時光。那間麵包店，妳經常在那裡買熱騰騰的牛角麵包。那間加油站速食店，你們在某一個慵懶的夜晚，拿著罐裝啤酒，在裡面聊得欲罷不能。那間夜店，總播放著你們最喜愛的音樂，他曾在裡頭的廁所吐得七葷八素。那張公園長椅，你們坐在上面第一次接吻。那間超市，你們因為忘了一盒牛奶大吵，讓正在購物的媽媽們連忙將她們嚇呆的孩子們帶離現場。那個停車格，妳在盛怒之下將車門用力甩上，隨即懊惱想著：「媽的，車窗玻璃現在一定破了。」那間咖啡店，他在那裡對妳坦承，他不愛妳了。

　　如果這些回憶如影隨形地跟著妳，甚至無時無刻朝妳臉上直撲，妳還能走往何處？很簡單，去別處。無論如何，和它們保持距離。妳可以走另一條路去上班，去另一個城區買牛角麵包，以後只在三條街之外的商店買啤酒喝，順便帶走一瓶上好的伏特加。

　　妳當然也可以離家遠行，可是這也只能持續幾天，頂多一星期，除非妳昨天正好中樂透。說不定啊，我們也不排除這種可能。重點是，不要主動挑起視覺引發的回憶來虐待自己。

　　要做到這點雖然不容易，卻辦得到。回憶會對妳造成什麼影響，妳已經在第二天從蓋·溫奇（提示：戒毒、美沙酮、不健康）那裡

知道了。先嘗試這個小小的解決方法：避開特定的地方。

哪五個地方是會因回憶而引發情感爆炸的手榴彈？

_____

_____

_____

_____

_____

　　盡量不要去這些地方，至少持續一個月。

第四十五天

在一段關係中經常會有一件讓對方暴怒的事。一件不斷惹惱對方、自己卻根本不知道踩到對方底線的事。最常見的例子就是守時（這裡當然開放填空，反正結果都差不多）。你們約好時間，妳到了，他傳來訊息：「晚十五分鐘到。」妳心想：「他好歹有說。」不過這其實狠狠羞辱了妳。第一，他的十五分鐘常常至少是三十分鐘。第二，遲到、忘記或臨時取消在妳看來就是不尊重妳的時間。一次兩次就不計較了，但漸漸的，妳的自信被一點一點的啃噬。妳納悶自己為什麼這樣？妳的時間也很寶貴啊，為什麼他都無所謂？

不，他不會改變的，而這也不是妳的責任。妳更該思考的是：你們在一起之後，對妳產生了什麼影響？如果家人、朋友讓妳苦等的話，妳是否變得比較敏感？很有可能。妳的反應可能變得異常激烈。這並不意外。

如果一個人常常被某一件事挑動敏感神經，他的內心自然永遠燃燒著小火苗。妳發洩在他人身上的怒氣，其實多半是被前任激出來的。一旦妳明白這點，妳就又往前一步了。家人、朋友的好處是他們會包容妳，不會馬上被妳氣跑。妳可以找一個平靜的時刻對他們解釋：「抱歉，目前我可能還相當敏感，請多包涵。」

首先，妳需要克服心理障礙，慢慢的妳就會習慣將願望言語化。

妳越常如此說，隨著時間就更容易說出口。妳的憤怒同時也會跟著減少。但是它不會完全消失，也不應該完全消失，因為不尊重他人的時間和計畫本來就是不對的，不管是現在還是三年之後。

哪一件老是重複發生的事特別令妳火大？

妳現在會找家人、朋友出氣嗎？

最近一次因此發生的爭吵是什麼時候？和誰？

如果這件事發生在另一個情境下，妳會多生氣？

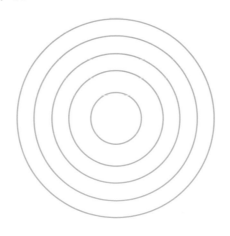

Day 4 6

____ / ____ / ____

第四十六天

　　有一種感覺，沒人料得到它會和失戀扯上關係，就是無聊。失戀讓妳整個生活大爆炸。計畫、願望和目標統統被無情打碎。打雷加閃電，轟隆作響。而妳卻感到無聊。

　　到底他媽的為什麼會這樣？

　　維吉尼亞大學的心理學者艾琳‧魏斯蓋特和提摩西‧威爾森從不同角度對「無聊」這個主題進行了多項研究。他們明確指出，人們不只在沒有挑戰時感到無聊，有很多挑戰時也會無聊。在情感巨變下的我們，必定面臨許多挑戰，加上伴侶離去後留下的生活缺口，最終生成一個陰險的綜合體。

　　就在幾星期之前，這個時間妳還和他坐在沙發上，討論《權力遊戲》情節上的漏洞；如今妳一個人坐在原處，盯著天花板，問自己燈旁邊那個洞是從哪裡來的。通常現在妳應該手拿啤酒和他在你們最喜歡的酒吧閒晃；如今妳獨自一人在公車站等車回家。無聊一方面刺激了妳破碎的心，讓妳無法靜心沉思；另一方面，也掀起了呆滯沉悶的危險巨浪。

　　魏斯蓋特和威爾森說明了這種交互影響擊潰妳的原因：無聊就像肉體疼痛，是一種身體不正常的徵兆。他們建議應當改變看事情的視角，例如開心自己現在擁有更多時間，開心能想做什麼就做什

麼（不必討論），開心能早點上床睡覺，隔天不會帶著宿醉醒來。

　　好啦，其實有些日子妳能成功辦到，雖然有時候不行。這裡的重點是：妳不要覺得無聊很奇怪，因為它就只是失戀典型的副作用。

妳在哪些狀況下會覺得無聊？

- ○ 在辦公室開會時
- ○ 在大眾交通工具裡
- ○ 在較大的團體中
- ○ 星期天
- ○ 用餐時
- ○ 在車裡
- ○ _____
- ○ _____
- ○ _____

_____ / _____ / _____

第四十七天

　　過動症研究中有一個至今仍爭論不休的有趣術語，因為眾人難以提出有力中肯的論證，那就是「極度專注力」。它指的是將個人的精神意識投注在一件事物上，變得全然沉浸在這項任務中，以致忘了周遭所發生的一切。過動症患者經常很難專注在一件事物上。他們對許多東西感興趣，卻心猿意馬，很少能貫徹始終。他們因而難以掌控自己的日常生活。他們極易分心，但是對於唯一一種特定活動的專注力卻十分驚人。因此，過動症患者中有不少是藝術家、創意工作者和資賦優異者也就不足為奇了。可惜他們經常受到不公平的對待，因為周遭的人會不屑地評論他們：「唉，明明只要他（她）願意，就做得到。」

　　哈，如果這麼簡單就好了。可惜並非如此。

　　這和失戀有什麼關係？處於劇烈失戀期的心碎者和過動症患者的行為十分類似。要排除這些惱人的烏煙瘴氣，「極度專注力」能助你一臂之力。找一樣需要全神貫注的事物，像是手作的東西就極為合適：製作一個置物架、將牆壁上漆、用陶土捏塑花園小矮人、將全部的櫥櫃門打磨再重新上漆、用火柴棒搭建一個艾菲爾鐵塔……表單上等待去完成的項目可是無止盡的。聽起來可笑又怎樣？試就對了，反正對妳也沒什麼壞處。

什麼東西能令妳著迷?

妳認為自己什麼時候能留出時間給它?
（寫下年月日）

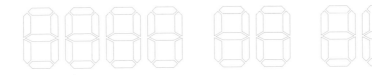

第四十八天

誰對誰錯的問題是分手議題中一個極重要的中心元素。是誰的錯，誰錯得比較多，誰錯得比較少，所以才會搞砸了關係？這個答案很可能隨著妳每日的生活而有所變化。有時候，妳認為問題就出在就是他不這樣做，或者偏偏就是他那樣做。有時候，妳又覺得是妳自己不好，理由相同或不同或根本沒有理由。對錯問題在分手時是一個重要的轉折點及關鍵點，甚至直到七〇年代，它都還清楚寫在德國法律中。它被稱做「過錯原則」，只有在一方配偶存在法律所列舉的過錯行為（例如通姦），另一方才能訴請離婚。一句簡單、卻能撼動一切的「我不再愛你了」是不夠的。

這種對婚姻的期待行為鞏固了「一個關係（就算是出於經濟和宗教理由）應該永久持續」的基本訴求。一九七七年，德國婚姻法進行改革，將「破裂原則」設定為離婚法的主導原則。自此之後，「無法跨越的歧異」即能構成離婚的理由。

又經過了許多年，女性才終於經濟獨立，讓她們承擔得起分手。誠然，今天還是有許多每個女人無法和伴侶分手，因為少了另一份收入，她無法支付房租或養育小孩。離婚率持續攀升的原因之一正是經濟獨立的女人越來越多。拜性別民主之賜，女人不需一輩子隱忍任何事情，當然也包括變調的婚姻，只要荷包裡有足夠的錢。

這和妳目前的處境有何關係？即使妳沒結婚，「關係之所以失敗，一定有一個人有錯」仍是根深蒂固的社會常理。這是無稽之談，妳最遲在第三十八天就知道了。彼此就是不適合，你們兩人都受傷了。可能雙方的視角不同，但就是受傷了。就算發生了像出軌這樣的事，也不表示錯在那個人身上（當然也不是遭背叛的一方）。顯然你們當中至少有一人不夠快樂，再也無法維繫這段關係了。

分手是件爛事。無庸置疑。但是硬要說誰有錯，根本無濟於事。

推薦
書籍　如果妳已婚，對分手之後的的共同財產和小孩監護權等法律相關問題感興趣，可以閱讀身兼律師及伴侶治療師娜迪亞・馮・沙德的書《快樂分手》（*Glücklich getrennt*）。書名看起來有點含蓄委婉，不過其內容嚴謹縝密又淺顯易懂，兼顧法理與情感，目的是將分手的附帶損害減至最低。

第四十九天

　　事情一旦說出口就成真了，告訴他人你們分手了，也是類似的感受。只要徹底落實妳的資訊控管政策，將更新資料嚴格限制在最親近的圈子，甚至對所有人一律三緘其口，總還存著希望。畢竟沒人喜歡無故起波瀾。試想，如果你們分手的消息已經傳開，突然間你們又復合了，該有多尷尬！這樣以後就再也沒人將它當一回事了。這就像伊索寓言中那個放羊的孩子，為了引人注意，總是大喊狼來吃羊了。等到狼真的出現，卻再也沒人理會他的喊叫。妳可不想跟他一樣，所以寧可保持低調再低調。

　　這種想法造成妳一直隱瞞分手的事實。有時候，妳甚至覺得對一兩位朋友或同事還比對父母吐實容易些。畢竟，父母在心理上會覺得自己對此也有責任。到了最後，他們也會覺得自己失敗，因為他們的孩子失敗了。而且……而且……而且……。

　　妳對親友隱瞞分手的事越久，就越難以啟齒。在某個時刻會來到一個點，種種想法如旋轉木馬般在妳腦海中交替出現。於是，妳腦中有聲音喃喃說道：「現在我再也說不出口了，他們會想我為什麼瞞著他們這麼久？」

　　於是妳就從一坨狗屎踩進另一坨狗屎裡。

　　妳不需要召開大型記者會昭告眾人，只需自問：假如妳最親近

的朋友或家人對妳長期隱瞞某件事情，妳會做何感想？他們也只是想在必要時對妳伸出援手。而且這裡沒有人是失敗者，妳不是，他們也不是。

妳最親近的朋友或家人圈中有誰還不知情？

_____

_____

_____

為什麼？

_____

_____

_____

_____

如果妳明天只能對一個人說，這個人會是誰？

_____

Day 50

第 五 十 天

怎樣做能讓老闆最開心？答案是氣沖沖地去上班。這對目前的妳而言，不難辦到吧？

組織心理學家迪克・林德波姆幾年前對怒氣和工作場所的生產力之間的關聯性進行了研究。研究結果出人意表，比起快樂的員工，憤怒的員工往往在短期間內更具生產力：「忌妒、羞愧、罪惡感，這些全是對社會非常有利的負面情緒。」

所以，妳的失戀對妳的人生版圖可是有所貢獻呢！恭喜妳！雖然在目前狀況下，這聽起來頗為嘲諷。的確也是如此。當然不是非要心碎才能在職場中往前邁進，這個研究結果只是要改變妳看待現況的視角。

生活中難免有這樣的日子，工作就像去德國公家機關辦事般折磨人：苦苦等候，乾瞪眼發呆，妳多希望自己此刻身在別處⋯⋯而且百分之百會有一個人坐在妳旁邊，看著 YouTube 上 K-Pop 的影片或和朋友在手機上閒聊幾小時。不過，妳也可以將妳的怒氣和這些失望抒發在目前的工作專案上。這同樣是一種在第四十七天提過的「極度專注力」。長期下來，它能為妳開啟好幾扇職場大門，也可能增加妳戶頭的存款，國家經濟當然也會感激妳的付出。

哪些專案適合投入許多精力？

你必須因此做什麼改變？

○ 晚上較晚下班

○ 早上早點到

○ 更常發言

○ 對上司明確表示妳想更積極參與這些專案

○ 擺脫其他無聊的專案，因為它們浪費妳的時間

○ 和妳其實不太喜歡的同事共事

○ 建立一個個人時間表，以做更好的準備

○ 對同事說妳想要負更多責任

○ _____

○ _____

就開心買給自己吧！

為什麼分手之後，男女消費行為大不同？

　　冰冷、沒有靈魂的辦公室中，行銷員工們坐在醜到爆卻奇貴無比的旋轉椅上，他們一致同意：「女人就是新中國」。她們那裡絕對還有寶藏可挖，因為目前百分之八十的快時尚商品是女人買單的。至於要在哪方面打廣告才能成功吸引女人？想當然爾，針對她們的外表。畢竟直到今天，社會對女人外表的期待仍然和對男人完全不同。

　　情傷者是一個特別有利可圖的目標族群。當妳覺得自己的內在醜陋，就會想美化外在。「美」的標準自然是以超模世界裡皮膚緊緻、笑容燦爛的吉吉・哈蒂德們和吉賽兒・邦臣們為基準。她們打包票：只需要對的衣服、對的髮型和對的配件，妳也可以和我們一樣。上個世紀的婦女雜誌對此發明的關鍵詞叫做「改變造型」。這聽起來是否令妳滿心期待？

　　這種許願的刻板印象是如此根深蒂固，甚至還有相關的代表性研究。線上約會入口網站 Elite Partner 每年會從各方面來調查德國人的伴侶關係。在二〇一九年，百分之二十的女性受訪者認為，從

衣服、髮型等方面「改變造型」是想要戰勝失戀的典型行為。許多人皆是如此。現在的問題是，這是女人的天性還是後天習得的？因為只有百分之五的男性受訪者認為：如果別人讓他們心碎，「改變造型」有助療情傷。

首先，女人喜歡買衣服和其他有的沒的東西，確實和婦女解放有點關係。心理學家波莉．楊—艾森德拉斯已經證實了這一點。早在女人尚未獲取投票權之前，紐約梅西百貨等大型百貨公司就提供她們在消費品之間做出決定的可能，尤其是流行衣物。這不是笑話。研究證實，女人比男人愛購物，確實肇因於她們無法發揮政治影響力。直至今日，根據一份綠色和平的最新研究，女人在購物時花的錢比男人多。此外，她們購物之後比較會有罪惡感。根據一份加拿大學者做的研究，女人有壓力或恐懼時，會衝進市中心的百貨公司（或是在線上開心的將東西放入購物車）。購物能將她的注意力從鬱悶情緒中轉移，尤其這時總算不是專注在內在，而主要在外在。畢竟失戀的內在既枯萎又灰暗，感覺永遠荒蕪一片。

消費能將人的情緒低潮推升至高潮。愚蠢的是，這個高潮持續的時間比預期的短，平均不到二十四小時，這也是綠色和平專家做的測量。嚴重的是，如果我們試圖不斷重複製造高潮，最後會導致購物成癮問題。此外，研究人員相信，有購物癮的女人遠多於男人，大約有百分之五的德國人有這種問題，而且數目有上升的趨勢。購物癮是一種對物質的依賴性，可是並不表示它比較無害。

就這層意義來看，一個新的髮型，一件新的洋裝，一個貴得離譜的化妝品，統統沒有關係。只要妳明白這是一種 OK 蹦效果。不管有沒有貼 OK 蹦，傷口需要癒合的時間都一樣。不過貼上 OK 蹦，也許會少一點髒東西進去，癒合的傷疤會比較好看。

Day 51

_____ / _____ / _____

第五十一天

　　如果有一組可以用來表達需求的卡片就好了。對於「我們現在需要什麼」的問題，只要拿起相對應的卡片作為回答就行。披薩、烈酒、擁抱、報稅協助，這樣提供幫助的朋友和家人也會比較輕鬆。

　　可是有兩個問題。

　　一來沒有這種卡片；

　　二來多數時候，我們根本不知道自己需要什麼。

　　失戀者經常難以描述自己當下需要什麼。描述事情本身對他們已經夠艱難了，無論是什麼事情，有些時候甚至連說出自己的名字對他們都是一個挑戰。對於許多失戀者來說，光是知道當他們需要時，有人在那裡，就足以讓他們心安。因此，如果妳這麼說：「你聽著，我現在心情不太好，如果我沒和你聯絡，不是你的問題。不過，如果你不死心，一直找我、一直打聽我的消息，我會很高興。請別放棄。」對妳、對擔心妳的人都好。這樣說既詳細又不失禮，而且對摯友而言，「抱歉，我的腦袋當機中，和你無關。」這樣一句話可能也就夠了。

妳現在需要什麼？

_____

_____

_____

_____

_____

妳現在不需要什麼？

_____

_____

_____

_____

_____

Day 5 2

第五十二天

　　妳的腦海裡一次又一次播放這樣的想法：前任正在做的一切都有趣極了。憑著從社群媒體和朋友們那裡聽來的一點片段訊息，妳想像他正過著繽紛多彩的夢幻生活：他一定正和兄弟們笑鬧著坐在酒吧裡，身旁當然圍繞著幾十個機智風趣的女人。此外，他還計畫前往一個充滿異國風情的島上度假。每天晚上下班後，他嘴角帶著一抹微笑，精疲力竭地倒在剛剛鋪好的床上。

　　但事實很可能正好相反。也就是說，他也有鳥到不行的日子，因為妳，因為工作，因為工作之餘的生活，因為這個世界。失戀者明知這點，卻仍固執己見。科學家稱之為「信念堅持」，如果妳想更了解這個主題的話，可以關注反疫苗人士、陰謀論者和川普就知道了。

　　在這個狀況下，要做的事情很簡單：不要相信妳所想的。

爛人爛事實果

選出所有妳想像的事情：

他正和另一個 女人上床	這一切對他根本 沒影響	他早就有新計畫了
他從來沒有想起我	他戀愛了	分手對他來說 很容易
他偷偷想著希望 能回到我身邊	他思考著和我 聯絡的最好方式	過去這一切只是 一個誤會

　　這些事妳既不知道也不確定。其實也不重要。在妳胡亂猜測、逼瘋自己，或在最糟的狀況下跟蹤他之前，還不如為自己做些有意義的事。使用妳不凡的大腦去拯救世界，去阻止氣候變遷，或者很簡單，讓妳的生活變得更美好。

Day 5 3

第 五 十 三 天

　　對於現今社會在這十年的戀愛方式，幾乎沒有人像社會學家伊娃・易洛斯做出如此多量、如此詳盡的研究和評價。她研究觀察了我們現今的關係行為並將它和上個世紀作比較，雖然她的認知有時也不是特別有建設性。很明顯地，我們有著前所未有的自由，卻比過去更難擁有幸福的關係。我們和幾百年以來的愛侶們擁有一個共同點：愛情提升了我們的自我價值感，對我們的伴侶亦然。易洛斯從歷史的角度說明：在西方世界，這個有 IG、性別民主及自由受教權的時代，這種認同對我們變得更加重要。簡言之，認同是在今日的一段關係中最重要的價值。

　　然而，現在它不見了。

　　現代生活所造就的墜落高度非常高，以至於分手之後的撞擊就像《美國殺人魔》裡的一個場景。如果妳沒看過這部影片的話，我可以告訴妳：血腥，極其血腥。自然也很痛，需要好一段時間才能復原。當然，任何人給予的認同感都無法和前任給予的相提並論，但這不表示妳要完全放棄。這是一個等級的問題。沒有五星級，起碼四星級的認同也能讓日子稍微好過些。最愛的亞洲餐廳今天沒開，妳也不會在家餓肚子，因為妳還有其他外送餐點可以點。

　　我不是說妳要抓個新的男人，讓他對妳說妳好漂亮、好聰明、

好優秀，畢竟這只是他一時的敷衍之詞，不是真心話。不過，絕對有其他的人能給予妳妳能相信且接受的認同。

妳能從哪裡獲得一定程度的認同？

○ 家人

○ 朋友

○ 同事

○ 團隊成員

○ _____

哪些人是妳能尋求認同的對象？

_____

_____

_____

此外，坦誠表達自己對認同的渴望，絕對不該受譴責。而且，妳只需要問對方一個簡單的問題：「你認為我在哪一方面特別出色？」試試看吧！

Day 54

第五十四天

「我很好！」這是個標準問題的標準答案。一個毫無疑問的美麗謊言。分手之後，妳會賀爾蒙失調，尤其是缺乏催產素，它是一種當人們擁抱依偎時，身體分泌的賀爾蒙，所以它也有「擁抱荷爾蒙」之稱。擁抱荷爾蒙是一種在分娩時會釋放的神經肽類激素，能協助母親與嬰兒建立連結，也能增加伴侶間的愛情熱度，喚起彼此的平靜感和信賴感。

所以，試圖說服自己或對他人宣稱自己很好根本無濟於事，荷爾蒙才不會因此上當而進行分泌。但若沒有伴侶能讓妳貼近，要如何生出催產素？催產素是可以花錢補充的，不過諸多研究顯示，輸注給藥可能導致強烈、極為不適的副作用。此外，長期投藥還有產生抗藥性的疑慮，因此不建議使用。

專家建議，我們應該尋求身體接觸，以自然方式促進這種賀爾蒙的釋放。和好友擁抱是一個方式，按摩也是一個很好的選擇。按摩對催產素水平的增長雖然影響有限，不過在當下還是一個相當不賴的自我保健方法。

所以，何不試試？

妳最近一次被人擁抱是什麼時候？（填入年月日）

那個人是誰？

_____

妳基本上是一個喜歡身體接觸的人嗎？	☐ 是 ☐ 否
妳打招呼時會擁抱對方嗎？	☐ 是 ☐ 否
妳需要很久的時間才允許伴侶碰觸妳嗎？	☐ 是 ☐ 否
肌膚接觸能使妳放鬆嗎？	☐ 是 ☐ 否
妳可以在某個人懷裡安然入睡嗎？	☐ 是 ☐ 否
妳想念依偎的感覺嗎？	☐ 是 ☐ 否

Day 5 5

/ ____ / ____

第 五 十 五 天

　　女性主義者羅莉‧佩尼在她的作品《婊子教條》(*Bitch Doktrin*)
裡直截了當的問:「什麼時候『女孩可以從事一切』的信息變成了
『女孩必須完成一切』的信念?」她在書中的一章詳細描述現代社
會對女人的期待,並假設女人在年輕時若沒有男人是否會過得更
好。她沮喪地發現:「你們處處能見到心力交瘁的女人,以她們剩
餘的精力在安排年輕男人的生活並鼓勵男人照顧自己,這些男人惱
怒女人這麼做,可是如果女人不這麼做,他們會更火大。你們看到
她們為了博取男人的一丁點好感而卑躬屈膝,直到搞砸了一切。再
從頭開始,無限輪迴。」

　　分手之後,總有滿坑滿谷的事情要處理。若之前兩人同居,甚
至有小孩,事情還會加倍。要將所有事情劃分清楚,需要時間和耐
性,而這兩者在分手風暴之後幾乎所剩無幾。女人,正如她從小乖
乖學會的,這時通常也承擔了主要的養育工作。她還要安排搬家、
買搬家紙箱、申請新的網路或回絕共同朋友的派對邀請。

　　由妳來處理某些事情的確能快點完成,妳也能早點得到清靜。
儘管如此,妳還是要嘗試分清楚哪些是妳的、哪些是他的事情。妳
管好自己的垃圾就好。

　　妳處理他的事情,既沒獎牌也沒花束可拿。所有和妳不直接相

關的事情，應該這麼想：它們和妳無關，也請別讓它們變得和妳有關。他的垃圾是他家的事！

妳還得處理哪些事情，才能讓你們的分手清楚收尾？

Day 5 6

___ / ___ / ___

第五十六天

　　情感不是事實，情感不是事實，情感不是事實……。每當妳痛苦時，就對自己說這句話，因為它簡短概括了一個殘酷的事實：此刻妳腦中的一切不過是歷史的一部分，但不是全部，更遑論它和現實相關。

　　事實這件事是這樣的：每個人的版本都不同，這是由於每個人的自身經歷乃至相關感知的影響，造成看事情的視角不同。對此，康德在他的《純粹理性批判》中，尤其在「先驗美學」這部分裡有詳細闡述。妳當下所見的事物（黑暗且負面），不見得是如此，只是妳的情感將妳導入這個方向。

　　對於一個深陷苦悶愁緒的人來說，閱讀康德未免有點強人所難。但是妳可以記住：現下發生的一切，不是永恆。

　　蒐集新的印象能幫妳改變對生活的看法，而且方法不拘。有時在公園散個步（正念訓練師說的）或去另一個城市旅行（旅行業者說的），甚至只要和一個友善的人（所有內心曾被坦克輾壓過的人說的）聊聊便足矣。

你今天覺得如何？

- ○ 苦惱
- ○ 缺乏目標
- ○ 煩躁
- ○ 困擾
- ○ 受傷
- ○ 氣憤
- ○ 激動
- ○ 疲倦
- ○ 有自信
- ○ 平靜
- ○ 樂觀
- ○ 積極
- ○ _____
- ○ _____

Day 57

第五十七天

　　妳可能已經納悶很久，外加大翻白眼：這本書到底什麼時後才會提到做運動？畢竟將力氣耗盡一直穩居失戀療癒指南的前十大項目之一。但是就算眾人都說運動是一個克服心碎的好辦法，並不表示妳立刻要以參加馬拉松比賽為目標而投入訓練。

　　妳倒不如承認，在這個情勢對妳大不利之時，對於某些事情，妳就是缺乏動力。不過純就科學觀點來看，運動確實有助於補償策略。

　　漢堡醫學應用學院的體育學家暨研究方法學者漢寧‧布德和他的團隊針對運動這個主題及它對心理健康的影響進行了多項研究。在過去二十三年來，他們做了近一千六百次調查，總參與調查人數為十四萬兩千位。根據調查結果產生的三十九份心理分析報告，他們得出如下的結論：運動能對抗憂鬱和恐懼，提升體內血清素水平，還能有效促進大腦內腎上腺素的分泌。

　　要讓自己從沙發或床上勉強爬起，當然沒有什麼標準對策。妳的內心可能在天人交戰：明知外頭和內心都下著雨，仍堅持在公園慢跑五公里是有益處的；另一方面卻又擔心潮溼天候下慢跑會讓肺灼熱，而且那隻老舊的右腳運動鞋現在依然會磨痛妳的腳後跟。

　　不過，考量眼下和過去發生的事情，倒是能確定一點：運動不

會讓事情變得更糟。每個能改善情緒的方法都應該列入考慮。如果能移除心中的痛，肺痛一下也許也不算太糟。

你可能會想嘗試哪幾種運動？

- ⭕ 慢跑
- ⭕ 游泳
- ⭕ 重訓
- ⭕ 瑜珈
- ⭕ 曲棍球
- ⭕ 足球
- ⭕ 芭蕾

- ⭕ 排球
- ⭕ 手球
- ⭕ 攀岩
- ⭕ _____
- ⭕ _____
- ⭕ _____

你的惰性有多強？

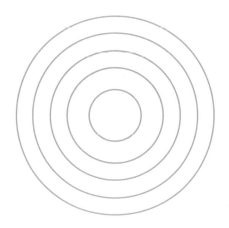

第五十八天

　　這幾個星期以來，早上妳一定常常猶豫是否該去上班。如果能在床上看一整天影集，接著大睡一場是不是來得更好？

　　睡覺當然是騙人的。有空不代表妳就會拿來睡覺、恢復體力精神，妳最更可能做的事情是半睜著眼發呆。不過，妳還是可以嘗試睡看看。

　　之前提過的二〇一九年伴侶研究調查中，百分之十六的德國受訪者承認，他們曾因失戀而無心工作。德國公司每年要因此支付十四億歐元並產生六百六十萬天的員工病假日。妳並不孤單。「失戀沒什麼大不了」的說法，根本是胡扯。心理學家麗莎・費雪巴赫明確指出：「『失戀』這個詞淡化了一種可能影響心理及生理層面的狀態……強烈情緒波動導致極度悲傷、易怒、失眠、無法專心、失去胃口和體重減輕，這些心身症症狀所引發的悲劇事件並不罕見。」

　　由此可知，這是有科學根據的。心碎而無法工作的人，就應該像重感冒患者一樣待在家。疾病要好好治療，失戀也是。

　　這並不是說妳要連續幾個星期賴在床上。但是如果妳有時候就是提不起勁去上班，不必有負疚感。沒關係的。

妳一星期中有幾天會掙扎著要不要進辦公室？

妳過去曾因失戀而請假嗎？ □ 是 □ 否

是否因此造成麻煩？ □ 是 □ 否

妳因此感到內心不安嗎？ □ 是 □ 否

妳會覺得自己無法正常表現嗎？ □ 是 □ 否

還是將事情丟給同事不管？ □ 是 □ 否

妳曾因為情緒問題而搞砸任務嗎？ □ 是 □ 否

妳的同事知道妳的情傷嗎？ □ 是 □ 否

Day 59

_____ / _____ / _____

第五十九天

不會再有人了。很確定這就是最後一段關係了。新認識的那位一定不適合理性的伴侶關係。恩，一定就是這樣。

妳害怕自己無法再像那段剛結束的關係中般被愛或去愛，當這股特殊的恐懼感在內心蔓延，妳可能會冒出上述的想法。妳內心的小劇場聽起來咬牙切齒、斬釘截鐵，平常妳絕對不會用這種口吻和另一個人說話。

幸好德國人的關係統計數目（是的，科學數據就是如此冷冰冰）顯示的卻是不同調。男女一生中平均有三點四次的認真關係。德國人的主流關係模式是一夫一妻制。「從一而終」的理念是六十歲以上者獨有的特性，似乎也慢慢行不通了。受訪者的年齡越低，他們曾有過的伴侶數越高，但是頻換伴侶的現象並不常見。只有百分之一點二的女人說她們曾有過十五次或更多的認真關係。這些數字只說明了一件事：他不是妳第一個男人，也絕不會是最後一個男人。

而最近這一次關係究竟多認真，也只有妳能決定。然而，若只因為你們未論及婚嫁或是雙方的愛不對等，不表示失戀就不痛苦。

不是已經選好婚禮裝飾品，才能體會痛徹心扉的感受。即使短短幾週的情事也能讓人受重傷且持續心緒紊亂，心理創傷和關係持續的時間長短毫無關聯。

妳曾有過幾次認真的關係？

_____

妳會將哪幾位前任算進去？

_____

_____

_____

_____

_____

是否曾有過在妳沒（不再）有期待時，卻迎來了
一個新的對象，進入了一段新的關係？

☐ 是　　☐ 否

Day 60

第六十天

在公司的茶水間裡，某一位同事沒把他的咖啡杯放進洗碗機，這已經不是第一次了。這很困難嗎？他不會打開洗碗機的門，將碗盤架拉出，把杯子放到碗盤架嗎？現在他還站在那裡，和另一個同事談笑風生。下一秒突然有另一名同事開砲怒嗆，質疑他是不是智商有問題。砲聲隆隆。

妳對此感到熟悉嗎？

當某人明顯地選擇性偷懶或不尊重他人，不收拾自己用過的餐具，這當然令人厭惡。不過，若因此攻擊他，似乎又顯得小題大作。這股怒氣究竟從何而來？

人類學家海倫・費雪多年來一直專注於愛情化學的研究。對於愛侶們遷怒他人的行為，她認為是一種為演化而設想的補償策略。負責愛意與恨意最重要的神經網路彼此是密不可分的。以神經學的角度看，愛的相反不是冷漠，而是恨。其目的為何？在對失戀者進行各種核磁共振測試和檢查之後，費雪相信，這股怒氣的產生是「為了驅趕令人失望的伴侶，將自己從一段無解的關係中解放出來、舐拭傷口、期待新的愛情以及更好的機會」。

這股怒氣當然要發洩，否則我們會爆炸，生活就過不下去。而因為引發怒氣的始作俑者通常不在場，於是氣就出在其他人身上，

妳在第二十七天就已經知道了。

　　這不能作為我們總對著身旁的人咆哮及抱怨的藉口。不過，讓怒氣有出口是健康的。至親好友能體諒、包容妳，不會使用洗碗機的同事可能就不會。因此，可能的話，就將怒氣出在能承受的人身上吧。很難，但辦得到。

妳最近一次不小心把誰當作出氣筒？

_____

_____

妳想對誰道歉？

_____

_____

妳會如何表達妳的歉意？

_____

_____

_____

誰可能成為妳的出氣筒，雖然他和妳的問題無關？

_____

第六十一天

　　男人和女人對待失戀的方式之不同，我們已經在《為什麼男女的痛不一樣？》中說明過了。小小的提示：是男人排斥，女人分析。愛情科學研究者伊萊恩‧哈特菲爾德和心理歷史學家理查‧拉普森一直致力於這些不同行為模式的研究。他們認為一個典型的行為是，女人會和她的摯友無止盡的談她的前任，可能是面對面，可能在電話裡，現在可能也會使用 WhatsApp 或其他通訊軟體。問題是，如果女人不停地講分手的事，等於將這段關係的幽靈留在生活中，造成創傷一再出現。

　　人類學家費雪也指出其中的生化關聯。多巴胺又稱為「幸福荷爾蒙」，是一種化學傳訊素。人在心情沮喪時，人體內的多巴胺濃度會下降。然而，短暫的壓力卻會促進多巴胺的分泌，而一再對不幸進行言語分析正是一種短暫的壓力。這種不停的刺激會造成體內荷爾蒙大失調，人變得遲鈍，最終不支倒下。根據費雪的說法，大腦是個脆弱的愛巢。

　　這意味著妳這種一直想重述事情經過的衝動，並非受魔咒控制，而是一種不同生化過程交互影響所帶來的折磨。一時間要打斷它不太可能。停止這種對話需要極強大的意志力。接下來的日子，有時候妳還是做不到，不過總會有妳戰勝大腦的時候。

妳喜歡和誰談你的前任？

_____

_____

_____

_____

_____

這樣真的有讓妳好過一點嗎？
☐ 是　　☐ 否

你們有其他共同的話題嗎？
☐ 是　　☐ 否

想吃家庭號冰淇淋？没問題！

為什麼大多數的壓力性暴食者是女性？

《BJ單身日記》裡有一幕經典畫面：芮妮‧齊薇格裹著羽絨被，手裡拿著一桶冰淇淋，正等著一個男人的訊息。這部二○○一年的電影呈現了失戀的各種刻板面貌，其中許多在今天依然如此，另外一些在近二十年之後的今天觀之，則不免令人疑惑：「現在還有人這樣嗎？怎麼會甘願這樣被男人羞辱？」然而，壓力性暴食並不是刻板印象，而是事實。粗估約有三分之一的德國人有壓力性進食的傾向，利用大吃大喝來紓解壓力。其中多數是女性。

這和我們的童年以及女孩和男孩受到不同的教養有關。大人在女孩很小時就以食物來安慰她；反之，男孩則會受到言語的鼓舞：「哎，這沒什麼大不了的。」舉例來說，假如女孩跌傷膝蓋，她會得到一塊巧克力；男孩則像是印地安人，不識痛為何物。女孩長成以食物來獲得慰藉的女人；男孩長成壓抑情感、認為安慰等同懦弱的男人。

心理學家卡蒂亞・克洛勒在她的博士論文中探討了「母親對進食情況的操控」。論文標題開宗明義道出在我們的社會中，主要負責教育的人士誰。不過，這只觸到了邊，這篇論文的認知其實非常有趣：過度固守進食規定（例如一定要吃光食物等等）對孩子傷害的程度不亞於拿食物當餽贈。不是說不可以買冰淇淋給孩子，而是不要將食物當作獎賞或利用它來掌控情感。只是，人為什麼如此容易受食物影響？

神經內分泌學家瑪莉・達爾曼畢生都在研究這個主題。她在幾個測試中證實，進食能降低「壓力荷爾蒙」皮質醇，結果導致我們在某個時候開始感覺飽足等同心情穩定。而這個穩定感正是失戀者常常缺乏的。只要能讓腳下晃動不已的地板再度回穩，使用任何手段都行。就算只能持續幾個小時也好。而脂肪和醣類尤其能帶來飽足感，真是出乎意料！

可是，吃太多會帶來問題。它一方面不健康，另一方面，吃無法填滿我們心靈的洞。這點我們明白的很，卻依然如故我。心理學家西蒙娜・慕訝證實，壓力性進食者很清楚自己是壓力性進食。但是，要如何從中逃脫？專家說明，第一步是認清會出現這種行為的情況，然後拿出紙筆，寫下這個問題。不喜歡寫字的人可以繞著街區走一圈，邊走邊想。兩者的目的都是在時間上和空間上拉開自己和冰箱的距離。

這是個知易行難的最佳例子。當妳吶喊著想吃餅乾冰淇淋時，表示妳離自律不遠矣。然而，將它內化為自動機制，是重要的第一步。第一次也許不成功，但是隨著時間過去會漸入佳境。在這種狀況下，大腦是一塊可鍛鍊的肌肉，專司我們情感上的痠痛，妳大可以對它提出一點復仇性挑戰。

Day 6 2

_____ / ____ / ____

第六十二天

在這個任何人生處境都可以教導訓練（coaching）的時代，「愛自己」是一個經常出現的詞彙。「愛自己」彷彿是幸福人生的鑰匙，對抗所有情感挫折的仙丹妙藥。可是，抱歉，到底什麼是「愛自己」？哪裡買得到它？

女性主義者泰瑞莎‧拉赫納將「愛自己」定義為「一包冷凍到乾掉的普羅旺斯香草，其實已經不適合搭配任何食材，但是反正不管怎樣，我們在每種食物上都灑上一些，多少能增添一些意境和風味」。她明確指出，這背後不過是消費主義在作祟而已：「只有在人的身上找出一個缺陷，你才能賣給他們新東西。而『愛自己』這種概念非常模糊不清，所以銷售效果奇佳。」

以妳的狀況看，妳的缺陷就是沒有伴侶、單身、被甩、不完整。至於妳在社會中的位置，哎呀，搖搖欲墜。這時妳當然可以大方地「愛自己」來補償這一切，然後改頭換面，帶著滿滿自我價值感回歸。

這－是－什－麼－狗－屁－理－論？

期望憑藉一點點「愛自己」和正念就能中止妳的生化過程，未免太自以為是了。善待自己的情緒和身體，時時反思自己的生活，這些當然重要，可是如果身心正處於受創過程，這些又該如何進行

呢？這其實更是一種自傲心理作祟。妳不必勉強自己喜歡所有一切，這時甚至不必特別愛自己。這當中的界線是可以設立的。

妳失戀時，聽過最無用的建議是什麼？

_____

_____

_____

是誰給的？

_____

哪些建議是有用的？

_____

_____

_____

_____

是誰給的？

_____

Day 6 3

＿＿＿／＿＿＿／＿＿＿

第六十三天

　　妳今天有很多事情忘記做？沒做運動？沒在社群媒體上跟蹤他？沒力氣去上班？或是只在公司呆坐著？還是在閨密耳邊轟炸，在電話中訴說第一千遍的分手原由？妳很疲倦，就只是疲倦嗎？那麼，去睡覺。疲倦的人就應該去睡覺，不然躺著也好。

　　有的時候就是什麼都行不通：缺乏意志力，沒有合適的補償策略，不自律。沒關係。怎樣都行。

　　明天又是嶄新的一天。

你今天完成了什麼？

- ○ 沒有
- ○ 沒有
- ○ 沒有
- ○ 沒有
- ○ 沒有
- ○ 沒有
- ○ 沒有
- ○ 沒有
- ○ 沒有
- ○ 沒有
- ○ 沒有
- ○ 沒有
- ○ 沒有
- ○ 沒有
- ○ 沒有
- ○ 沒有
- ○ 沒有
- ○ 沒有
- ○ _____

Day 6 4

___/___/___

第六十四天

　　「可是他也過得不好，妳知道嗎？」妳經常聽到這種安慰的話吧？什麼叫做「可是」？讓一個女人聽到關於前任的這種消息，這些人的腦袋到底在想什麼？女人該怎麼回應？她的痛苦和他的痛苦有什麼關係？毫無關係。然而，令人玩味的是，女人總被暗示她應該展現同情（即使被甩的是她）。羅莉‧佩尼相信，我們不被容許漠視男人的感情……在我們的文化中，女人不能對男人有這種想法。男人永遠是完整的人；反之，女人是物品、是象徵或是迷人的陌生人，可以用一個回答引誘她，以便對她予取予求。這聽起來很刺耳得很，在妳的粉紅泡泡中多數時候絕不是如此。總的來說，遺憾的是我們尚未走到我們想達到的境界。不過，現在先讓我們先回到妳的失戀。

　　讓我們問得尖銳犀利一些：他在想什麼，他過得好不好，關妳屁事？也沒人期待他同情妳啊！妳當然可以想像他的感情生活，那又能怎麼樣？妳又不是他肚子裡的蛔蟲，所以這一切全是徒勞的預測。

　　此刻，妳的感情生活比較重要，不要再讓他的痛苦來挑動妳那已經夠敏感的神經了。他要自己面對，妳也要有妳的生活要面對。

爛人爛事實果

以下妳被逗聽到的句子，哪些會引發妳的罪惡感：

他也很痛苦	他不懂得如何 正確表達情感	他瘦了
他借酒澆愁	他徹底失控了	他變了好多
這一切對他 也不容易	他不知道何去何從	他放棄自己了

　　是的，統統好苦喔！但是，這關妳屁事？每個人都要為自己的感情負責。就先這樣吧！

第六十五天

　　千禧世代有一大特色：不生氣。以按讚鈕獲得即時滿足感的人，喜歡共識勝於異議。被喜歡就是一種很棒的感覺啊！生氣、憤怒、批評，這些都很煩，令人困擾。長久下來，我們忘了該如何發脾氣。梅蕾迪特·哈夫針對女人提出具體說明：「八〇年代出生的德國女人，在面對因爭取自身權益和機會所產生的爭執和不悅時，顯得小心翼翼。」Z 世代為了拯救地球不斷走上街頭、高聲吶喊的行為，值得千禧世代好好效法。嬰兒潮時代出生的人就更別提了。

　　生氣不舒服，卻具有生產力。生氣的人，擁有翻轉人生、擬定計畫和勇往直前的能量。壓抑怒氣是錯誤的，尤其在失戀時是如此，長期下來不僅不健康，還被證實可能導致憂鬱症。而女人之所以如此，是擔心前任在幾星期或是幾年之後說：「那個女人喔！那個潑婦！」

　　我們總提醒自己：講話大聲的男人，強大且自信滿滿；講話大聲的女人，歇斯底里。這是父權主義在作祟，卻依然深植人心。心理學家斐瑞娜·卡斯特呼籲我們要感受怒氣並且讓它燃燒。她談到壓抑怒氣者：「他們不懂得使用憤怒。憤怒告訴我，有人跨越我的界線了，有人侵犯我的自我價值、我的自我認同。我必須對此提出警告。」所以，使用妳的憤怒吧！

憤怒是一個在這本書中不斷出現的元素，但它一直在改變。妳在幾個星期前感到生氣的事，今天不見得會再有同感了。

什麼事總令妳生氣？

什麼事現在令妳生氣？

什麼事不再令妳生氣？

Day 66

_____ / _____ / _____

第六十六天

　　一個奇怪、卻相當有效的失戀補償法是坐雲霄飛車。這可不是開玩笑。研究顯示，坐雲霄飛車會讓身體釋放血清素、多巴胺和腎上腺素。乍看之下有點古怪。不過，在妳讀過所有這些生化關聯性和結構的說明之後，妳會明白它是一個奇特、卻有效的建議。

　　坐雲霄飛車。

　　讓我們先靜下心來思考一下。坐雲霄飛車擺脫失戀低潮的想法看似荒謬，不過再仔細想想，又有何不可？雖然坐雲霄飛車無法撼動父權有些可惜，但它可以影響妳大腦內的化學物質，而這能轉移妳的注意力。在妳繼續和自己、和妳的命運協商之前，快找一個妳最喜歡的人一起去遊樂園。讓妳體內荷爾蒙的傳輸器和接收器全力運作吧！

　　網路上有句話說：你想要的一切都在恐懼的彼岸。網路上的話難得有一次是對的。

離妳最近的雲霄飛車在哪裡？

_____

妳什麼時候能去坐？（寫下年月日）

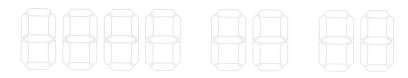

還有，最重要的：和誰去？

_____

66 天
達成 總結

　　過去這幾兩個月很辛苦，不過妳堅持下來了，那些日子真是要命！妳可以拍拍自己的肩膀鼓勵自己一下。妳還一直在這裡，相當不容易。和「大麻煩們」（分手、精神崩潰、放聲大哭的日子、半夜兩點半的暗自神傷）保持距離，現在讓妳稍微確定了一點：妳的生活沒有他，依然有未來。

　　有些補償策略奏效，有些無效（雲霄飛車很可能也在此列）。每個人適用的策略不同，結構性的基本情況卻是一樣的。很多策略可能激怒妳，一些策略讓妳驚艷，某些策略則讓妳瞠目以對。妳開始理解大腦是如何組成，也明白了妳多年來習以為常的社會行為模式其實殺傷力不小。

　　這些都必須分類整理。所以，分類吧！

你會如何描述妳在過去三十三天的網路跟蹤。
畫一條曲線：

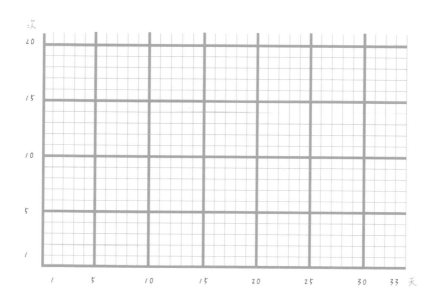

妳明白了哪些事情？

_____

哪些事情是妳還不明白的？

_____

什麼事情進行得比妳原先想像的好？

_____

什麼事情進行得很糟糕？

_____

妳學到了什麼？

_____

分手到現在，他做了哪些蠢事？

_____

分手到現在，妳做了哪些蠢事？

_____

我想要快點再見到他　　　　　　　　　　□ 是 □ 否
我還有話想對他說　　　　　　　　　　　□ 是 □ 否
我還想和他上床　　　　　　　　　　　　□ 是 □ 否
我還有事想對他解釋　　　　　　　　　　□ 是 □ 否
我想要他回來　　　　　　　　　　　　　□ 是 □ 否

_____

什麼事情令妳感到驕傲？

_____
_____
_____
_____
_____

放下

67 ——————————— 99

第六十七至第九十九天

Day 67

_____ / _____ / _____

第六十七天

　　當妳兩個多月前開始讀這本書時，認為今天將會是一個重大的里程碑：因為一旦抵達這裡，就表示盡頭不遠了。如果現在能快馬加鞭，將整本書讀完，豈不美哉？快速翻頁、瀏覽，不用多久就會到達第九十九天了。失戀掰掰，生活輕盈好美好。

　　等一下！

　　這本書可不像 Netflix 一樣有「略過介紹」。接下來的三十三天不能快轉。雖然可以理解妳的願望，可惜這辦不到。有一個很好的詞彙可以用來形容妳此刻的心態：提前症。它的相反詞是「拖延症」，指的是將該做的事一再推遲的行為。反之；「提前症」則是指習慣迅速開始並盡快完成任務的傾向。加州大學、賓州大學和華盛頓州立大學分別對此進行獨立的研究。這還是一個很新的研究領域，直到幾年前，學界才偶然注意到這個現象。然而，只需看一下辦公室和 WhatsApp 群組，我們不免納悶，為何之前無人察覺？我們的日常生活，不分公私，行事曆總是排得滿滿的。我們總是幻想，只要早點完成，就能去做自己喜歡的事。但事情往往是忙完這件事，又開始忙下一件事，以便能早點完成它。就這樣不斷的惡性循環下去。

　　這種自我毀滅的行為驅動力是：我們想要舒緩記憶的負擔、產

生成就感並取得快速進展，因為社會對於辦事完美牢靠、職場表現出眾的人有更高的評價。

想藉由勤奮，迅速擺脫失戀也是一種「提前症」。但無論妳多麼努力，它就是行不通。有些事情需要時間消化，慢慢來吧！妳至少還有三十二天的時間。在這種情況下拖延不礙事的，因為它需要多面向、而非線性的思考。換句話說，妳的心傷需要徹底療癒，而不是直接拿熨斗將它燙平。

妳喜歡列「待辦事項清單」嗎？　　　　　　　　□ 是 □ 否
這會給予妳安全感嗎？　　　　　　　　　　　□ 是 □ 否
完成事情之後妳會有歡快感嗎？　　　　　　　□ 是 □ 否

妳真正的「待辦事項清單」

哪些事是妳想在下星期之前完成的？

哪些事是妳想在一個月內完成的？

哪些事是妳想在一年內完成的？

第 六 十 八 天

　　分手之後，最令人困擾就是頓失掌控感。前一刻，我們還是自己人生的主人，對日常、甚至對未來胸有成竹，這種篤定卻在下一秒慘遭剝奪。人在驚慌之下的自然反應就是試圖取回控制權。在這本書一開始，妳已經讀過這其中各種機制的交互影響以及它們所產生的結果。網路跟蹤、刻意營造的對話和碰面，都是取回掌控權的嘗試。可惜效果相當有限，甚至徒勞無功。

　　失去掌控感是一種錯覺，多數不符合現實。世界沒有毀滅，妳的朋友們還在，生活也依然有意義。不是每一天、每一個小時，但是大多數時候是如此。掌控感會慢慢回來，只是對妳而言速度太慢。

　　如果妳暫時將自己從目前的困境抽離，回頭看看過去這幾個星期，妳就曉得不是每一天都是世界末日。當然妳不會和分手之前的那個妳一樣，但是現在妳也不是全然不知所措、孤立無援。與其惱火自己還是站得不夠穩固，不如檢視又重回妳的掌控的時刻及範圍。

妳在哪些方面已經重新取回控制權？

妳在哪些方面還想取回更多控制權？

第六十九天

　　妳一定曾在腦海中栩栩如生地描繪下列的場景：分手之後和前任的第一次相遇，妳個性有型，閃閃發光。妳的態度友善，但是不過分熱絡；言談中立、不帶個人情感，但是當然也不像一級省電冰箱般冷若冰霜。

　　惱人的是，意外通常來得猝不及防，不給人有心理準備的時間。突然間，妳就站在他的面前了。在一個妳想得到最蠢的地方重逢。例如，暴雨之後或是在擠得像沙丁魚罐頭的公車裡。妳在這天看起來和一條放到過期的香腸沒兩樣，像修道院女學生般缺乏自信，口條笨拙如《尋找德國超級明星》裡的三流選手。

　　在這種狀況下只有一招能見效：三緘其口。總之，盡可能惜字如金。妳不必因此表現得冷淡無禮，可不要和無視搞混了。有的人不安時會結結巴巴地自言自語，或絮絮叨叨說著不著邊際的話。不是每個人都如此，但如果妳恰巧屬於這種人，在一個出乎意料、閃躲不了的重逢場面裡，請務必提醒自己：少即是多。讓他去講，妳自己少開金口，至少避談私事。妳手中沒有牌了，妳贏不了的。一個簡單的「嗨」就夠了，不要問任何具體的問題。如果他把球丟給妳，妳就仿效好萊塢演員的作法。他們受過正統修辭學的訓練，接受訪談時，他們會以預先編好的故事來回答問題，提問方會對此感

到滿意，便不會再追問下去。重點在於語末的反問。例如，對於「妳的工作怎麼樣？」這個問題，「很好啊，我快換辦公室了。你的工作也都好嗎？」就是一個移轉式回答的好例子。這是一個很簡單的例子，不過原則很清楚：在不造成傷害的狀況下盡快結束對話。接下來也不要糾結自己怎麼沒這麼說或那麼說、自己看起來如何、他對我的想法如何。這些都無所謂。再提醒妳一次：妳已經離開這個社交遊戲了，所以根本沒必要想著要贏。

妳會想問他哪些懸而未決的問題？

妳可以用哪些虛構故事將他的注意力從妳身上轉移出去？

建議　這裡不是要妳傷害前任，而是不要在此刻繼續製造附帶的情緒損傷。到了某個時候，你們一定就能正常的交談，甚至在不傷害彼此的情況下，找回過去的信賴感。但是期望現在就能夠如此，未免太過強求。

Day 70

第七十天

被伴侶甩了的衝擊力道強大無比，它將人無情擊垮。理所當然地，人在這種況下會抓取任何抓得到的東西，然後緊握不放。嬰兒一直到四個月大左右都有明顯的抓取反射。這出於新生兒緊抓母親的本能，以避免自己被遺留在不可預見的危險中。這種反射行為會隨著嬰兒成長逐漸淡化消失，不過每個人可能都有過這種備感溫馨的體驗：當你用手指碰觸嬰兒時，他會用他的迷你手指緊緊抓住你的手指。再不喜歡小孩或者不想生小孩的人，也很難不被融化。

在妳仍深陷情感泥淖、無法放下的時候，想像自己是個嬰兒，也是一個不錯的主意。如此一來，妳就不會覺得緊握不放是很糟的事。恰恰相反。我們無法時時刻刻保持成熟、理智、自信。妳想牢牢握住的心態在某個時候會消失，正如嬰兒的抓取反射在幾個月後消失一樣。妳也不用問究竟要少愛少受苦，還是多愛多受苦？這個問題沒有標準答案，因為世事一直變化中。

人經常會想：我應該做這個做那個。在這種狀況下，妳應該立刻反問自己：「誰規定的？」

是的，只有妳說了算。

爛人爛事賓果

下列哪些念頭一直縈繞在妳腦海中揮之不去：

我應該……

老早就離開他	不要一直想著他	大步向前走
再告訴他一次 我對某件事情的看法	表現地更有自信	更理智地控制 我的情感
表現得更像個大人	刪除他的電話號碼	不要這麼傷心、 這麼消沉

此外，沒有什麼是妳應該或必須做的，別太苛求自己！

Day 7 1

第七十一天

　　哲學家皮德羅‧塔本斯基創造了一個很好的詞彙：「二階悲傷」（Kummer zweiter Ordnung）。他如此定義它：「最大的悲傷之一就是對於我們的悲傷感到悲傷……它出於失望，對所受的苦感到白費、無用或極端後悔，簡言之，毫無意義。」若要區分悲傷的種類，大概需要一個專業的悲傷評估機構來負責確認悲傷否有用，因為它產生了卓越、嶄新的東西。或者，悲傷不過是一個塞滿垃圾的桶子，垃圾車已經好幾個月都沒來將它收走。而這個悲傷垃圾一直留在原地的事實，又讓人生出更多新的悲傷，層層堆積上去，卻毫無幫助。

　　無論是依照用處來評估悲傷，或者大量的悲傷必須用等量的快樂來平衡，很可惜這兩者都沒有宇宙法則可遵循。平衡是由觀看者的眼睛來決定，而他要在一切成為往事之後才能看得澄澈。我們是事後才能理解，不是事前。與其憂心悲傷一直還在，不如將分手視為一種過程，而不是將它聚焦為單一事件。

　　心理治療師約翰娜‧穆勒–艾伯特長期致力於所謂「分手能力」的研究。她曉得這種能力並非人人有，但是透過練習可以學會。她解釋：「被甩的一方當然覺得自己的驕傲、尊嚴和榮譽受到傷害。接著，我們可以啟動取代這種負面經驗的計畫。這是一個積極的行動，目的是避免我繼續當受害者。這包括承認痛苦並完成自我道別，

也要思考未來：我要任由痛苦擊垮嗎？我一天裡有多少時間用來悲嘆逝去的時光？」

　　倒不如利用這段時間將痛苦擊碎，因為粉碎的痛苦就不再如此恐怖了。

妳覺得自己是受害者嗎？　　　　　　　　　　　☐ 是 ☐ 否
妳可曾想過分手的過程竟然會持續這麼久嗎？　　☐ 是 ☐ 否
妳會想要加快它的速度嗎？　　　　　　　　　　☐ 是 ☐ 否
妳知道這是不可能的嗎？　　　　　　　　　　　☐ 是 ☐ 否
妳仍然常常垂頭喪氣，這會讓妳難過嗎？　　　　☐ 是 ☐ 否
妳能清楚看出妳從第一天到今天的情感差異嗎？　☐ 是 ☐ 否
妳得費很大的力氣才能故作堅強面對周遭的人事物嗎？☐ 是 ☐ 否
妳覺得妳比幾個星期之前更接近妳自己嗎？　　　☐ 是 ☐ 否
妳相信妳已經在重回自己的正確道路上了嗎？　　☐ 是 ☐ 否
妳在最近這段時間裡還是「妳」嗎？　　　　　　☐ 是 ☐ 否

Day 72

第七十二天

　　有的人天生就善於做決定，有的人則是一籌莫展。後者總是猶豫不決，表面說是考量利弊、權衡輕重，實則藉此掩飾其拖延時間的意圖。他們大多就只是不想做出錯誤的決定。我們永遠不會知道決定是否正確，這也完全不重要。重要的是做出決定，唯有如此才能有所改變。處於情緒壓力下的我們，要做出決定當然困難重重。當大腦的一部份正疲於對抗情感危機，哪裡還有餘暇回答「中午吃義大利麵還是披薩？」或是「今晚去看電影還是待在家？」這種簡單問題？分手之後得做出的複雜決定已讓人心力枯竭。

　　研究人員找出兩種幫助我們做決定的對策。其中一種是我們有強烈意願結束某件事情，如此我們就會為了捍衛這個決定而力抗各種批評；另一種則是我們盡可能將所有資訊蒐集齊全。兩種方式都不保證成功，也不意味之後能持續感到滿意，重點是我們必須學習對已經做出的決定承擔疑慮。

　　根據科學家們的研究，以下五種原則能有效幫助我們做決定：

1、　不要單純只相信大腦
2、　傾聽自己的感覺
3、　尋找經驗法則
4、　不要追求完美
5、　只要找出一個好理由

你現在必須做出哪些決定？

繼續維持你們分手狀態的最佳理由是什麼？

Day 7 3

_____ / _____ / _____

第七十三天

　　謠言傳得沸沸揚揚：聽說妳的前任有新歡了。最糟的是，他甚至搭上一個妳一點都不喜歡的女人。他幹嘛不低調一點，非要搞到全世界都知道？雖然這不算出軌，畢竟你們已經正式分手，但妳還是覺得胸口遭受猛烈重擊。權利主張並不等同實際情況。理智告訴妳：這是他的自由，他單身，高興和誰上床都行。妳的內心卻質問：他怎麼能這樣？許多情感排山倒海向妳襲來，讓妳徹底暈眩：忌妒、憤怒、失望、羞辱……糟糕情緒的清單長無止盡且醜陋不堪。

　　這的確令人心痛。如果這不會令妳心痛，妳就可以闔上這本書了，因為妳已經走出失戀。然而，現下妳一定難受不已，這是人之常情。不過，妳可以換個角度看待這件事：這些訊息將妳踢到一個和他相反的方向，所以妳和這個男人、這段關係以及這個曾和他在一起的妳之間的距離變大了。這是好事。當局者迷，旁觀者比較能看清楚事情的全貌。而事情的全貌也包括現今社會的女人對性愛的態度仍異於男人。這是後天習得的，但是後天習得不代表正確。社會學家伊娃‧易洛斯說：「如果性愛是一個戰場，那麼男人只有在自己和他人面前戰勝其他男人，才能贏得聲望和尊嚴。」對男人而言，一個當下占領的展現，也宣示了自己在社會占有一席之地。看起來沒有特別意義的性愛，這時卻有一個意義：你們瞧，我還是很

行的，雖然我剛搞砸了一段關係。

　　將自己抽離來看待此事，絕非易事。這同時也拋出我們這個父權社會中的許多問題，而簡單的解決之道並不存在。在這種社會結構中配合這種洪荒時代的男人演出，未必會讓某個人好過一些。性愛不應該在社會中和地位扯上關係。反正不應該以這種方式。

如果妳聽說他和另一個女人在曖昧，妳知道那個女人是誰嗎？（是誰？）

妳感覺有多受傷？

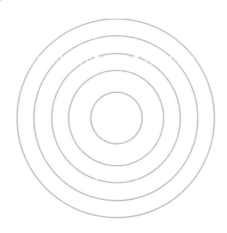

Day 7 4 ___/___/___

第七十四天

　　女人存有一種刻板印象，總認為舊戀情得由新戀情來取代，彷彿新伴侶能重啟整個電腦系統並更新硬碟。問題是：硬體還是原有的，安裝的仍然是舊的作業系統。儘管如此，對於身處黑暗低潮期的女人來說，這樣的承諾有如救贖。我們當然知道自己不再是三歲小孩，所以也不會過度執著不切實際的愛情神話，因次我們會有這樣的心態：不見得要馬上得到真愛，一開始只有性也行。男人可以如此，女人為何不行？

　　拜 Tinder 及 Bumble&Co 之賜，這十年來，要和某人進行純粹的肉體接觸，理論上輕而易舉。然而，要從一堆站在健身房、租來的車或棕櫚樹壁紙前拍照的男人中做出選擇，妳很快就想放棄了。當妳還在一段穩固關係時，對這種交友軟體會有比較美好的想像。可現在妳沒料到面對的是這種折扣品。為什麼他們在妳眼裡是折扣品？因為妳會自動拿他們和妳的前任比較。妳的前任已經打動了妳的心，所以「三十四歲，從事行銷策略、喜歡烹飪的馬克」就永遠不行。

　　不過，也許這個神話裡有真愛？性愛畢竟對自尊有益。妳可能碰到一個和妳完美契合的男人。和前任分手之後，妳和另一個男人的第一次性愛可能顯得笨拙、奇怪且得不到滿足，之後有時也是如

此，因為妳早已忘記的不安全感突然又出現了。在一段關係中的例行常規也滿不錯的，嘗鮮的刺激反倒令人困擾。

性目前究竟是好是壞，其實也不需要太在意。更重要的是，妳要知道外面還有其他妳覺得有魅力、他們也覺得妳有魅力的人，以及「最後一位並非最後一位」這個令人心安的事實。也就是說，這裡這位也不會是最後一位，就算他以行銷策略說他喜歡烹飪，但妳覺得不行。

如果妳還不曾和前任之外的人發生過關係，……

妳能想像和另一個人上床嗎？	☐ 是 ☐ 否
妳已經下載了一個交友軟體了嗎？	☐ 是 ☐ 否
妳會有背叛前任的感覺嗎？	☐ 是 ☐ 否

如果妳已經和前任之外的人發生過關係，……

妳會感到放鬆嗎？	☐ 是 ☐ 否
妳有解放感嗎？	☐ 是 ☐ 否
妳還想再來一次嗎？	☐ 是 ☐ 否

無限的可能

男女使用 Tinder 大不同

　　近十年來，沒有任何其他交友平台像 Tinder 引發如此巨大的風潮。自二〇一二年起，這個來自加州的交友軟體造就了「速成約愛」。Tinder 很容易上手，它遊戲化介面讓用戶迅速上癮，並能快速篩選出潛在的理想對象。二〇一九年，它在全球擁有五千萬的用戶，其中百分之七十六點八是男性，百分之三十二點二是女性，每天有一百二十萬次配對成功。Tinder 是專為智慧型手機而非電腦設計的。現在，我們的褲袋中似乎針對各種需求都有一個合適的伴侶，我們只需要找到那個人，在手機螢幕上往右滑，然後內心忐忑著對方的看法是否和妳一致。

　　Tinder 暗示性愛在性別民主下垂手可得，情感則是次要。起碼它的廣告策略是如此。不過，即使許多人使用 Tinder 似乎只為了滿足肉體需求，數據顯示實情卻並非如此。根據大眾傳播學者辛蒂·蘇特和勞拉·凡登波斯的研究，多數使用者其實希望找到身心契合的固定伴侶。另一份研究甚至顯示，百分之八十的用戶尋求長久關係。然而，在細節上，男女對這個交友軟體的期待卻不同。男人對

性愛較感興趣，女人則是對關係。男人往右滑的次數比往左滑的次數多得多，比例上是百分之四十六對百分之十四。這表示，如果一個女人和一個男人在 Tinder 配對成功，男人找性愛、女人找感情的機率會非常高。這經常造成一種令人困擾的現象：兩個人配對成功，但是對話卻停止了或只有單方面進行。這很可能因為許多人只將 Tinder 用來自我肯定並測試自己的市場價值。男人往右滑的次數比女人多，不難想見誰是較常神隱的一方。

　　文化研究者約翰娜・華爾達寫道：「（網路）鼓勵且要求某種程度的『自我設計』（self design），考驗著現代社會中極重要的真實性概念。網路上的相遇和交流產生了人類互動的新條件，對二十一世紀的浪漫邂逅造成關鍵性的影響。」所有人都可以讓自己在 Tinder 上看起來是自己想看起來的模樣，成為我們想成為的人。在精心策畫的 IG 動態及「生活多美好」假象的時代，Tinder 上的謊言也不再讓人感覺是謊言。線上的我和離線的我不需要表裡一致，渴望和現實的分界變得模糊，直到在他人的反映中，我們才受到殘酷的衝擊。在 Tinder 上以聊天訊息進行的約會，在現實中可能演變成恐怖片。華爾達如此下結論：「網路約會是一種非肢體、以文字為基礎去結識陌生人的預設，它會造成『言語遮蔽效應』，一種將認識人的過程倒過來進行的語言主導現象。我們先從心理層面認識這個人，然後（一般而言）是聲音，最後才是身體層面（手勢、表情、氣味）。種種引發討論的現象說明：許多人在網路上的文字交流熱絡積極，實際會面後卻冷靜地中止往來。」

　　分手之後想尋求自我肯定的人，原本就帶傷的心，在 Tinder 市場上很快會再度擦傷。男女皆然。若妳想尋找性愛，就應該清楚告知，但也要對自己承認妳其實很想停止追求分手之後失去的親近感和關注。畢竟這個世界沒有任何一個男人的「鳥」能塞進這個情感的空洞。

第七十五天

　　當人處在一個對自我不確定的時期，內心會形成一個空虛、深不見底的大洞，讓我們像松鼠般瘋狂往裡面塞無意義的東西。冬天馬上要來了，我們需要自我懷疑的存糧。咦，這裡還有一個自我懷疑的核桃，扔進去吧！

　　將自我懷疑從外往內堆積的最佳運輸工具就是比較，而社群媒體當然是最佳場所，我們在那裡可以匿名操弄自我。IG 上光鮮亮麗的照片一張接著一張，在在說明了：「這裡的一切好到不可言喻！我的房子氣派非凡，我的工作充實豐富，我的男友性感帥氣，我的髮型耀眼奪目！此外，我也是無比用心的媽媽，會陪著小孩用栗子做獨角獸。不久之前還因為我的工作表現而獲獎。」我們一心想淹沒在光芒中，只因自己的生活黯淡又乏味。

　　作家梅策德絲・勞倫絲坦寫道：「人是一種社交存在。如果沒有這個存在，他就等於死了，死因為關注和外在刺激被剝奪。我們在小學五年級的倫理課就學到了：個人從他人的反映當中發展出自我。因此，我們難免會和他人做比較。不過我們最好在它掌控我們之前先掌控它。」和自己之下的人比，只會獲得短暫的快樂；和自己之上的人比，則是持續不斷感到沮喪失望。人在分手之後產生的挫敗感使得他們自動對自己設下更嚴格的標準，這是可理解的。勞

倫絲坦說得中肯：「我們往往忘記故事總比事實來得精彩。別人的生活在照片中、在文字裡感覺都比自己的亮眼，但其實百分之九十八都是『假新聞』。」不和別的女人、前任、甚至他的新歡做比較，很難，而且也對自己太過苛求了。所以，就去比較吧，但是比得實際一些，而且記住一點：那些人絕非十全十美，只是他們也像妳一樣不甘示弱。

妳在和誰做比較？

_____

這個人哪裡比妳好？

_____

為什麼妳選這個人？

_____

妳和這個人有什麼連結？

_____

這個人的弱項在哪裡？

_____

假如妳不是剛分手，妳還會跟這個人做比較嗎？
☐ 是 ☐ 否

Day 7 6

第七十六天

　　放下已經很難了，更恐怖的是，對方根本不給妳放下的機會。有一個很新的專有名詞「胡佛」（hoovering），就是指如胡佛牌吸塵器那樣強力把受害者吸回去。這源自於一種自戀心理。自戀狂好用的手段就是大張旗鼓地離開伴侶，之後又試圖重修舊好。因此，和自戀狂分手就是一種被控制的地獄式折磨，因為它會一直不斷發生。藉由心理操弄與制約，自戀狂將受害者玩弄於股掌之間。受害者往往幾年都擺脫不了這種毒性關係。這種精神騷擾的嚴重程度不一，但如果前任不斷尋求聯繫，妳就得特別當心。他時不時發訊息、來電、非偶然的巧遇無非就是要妨礙妳保持安全距離。

　　反之，如果妳不斷尋求聯繫，表示妳也無法真正放下，妳就是那個吸回對方的人。你必須不時重溫本書一開始時蓋‧溫奇所說的話：斷開聯繫。幾個星期之後的現在依舊如此。如果妳已經走往接受分手的路上，再次回應他的聯繫只會讓事情變得艱難。如果妳的前任真的是個自戀狂，妳就必須採取完全不同的對策。

　　不過，前任自以為是、善於操弄，並不代表他一定是個自戀狂。但是女人偏偏經常不自覺遭遇了自戀狂與情感虐待。

　　如果以下問題中，妳有一半的答案是肯定的，代表妳前任是自戀狂的機率極大。妳需要外界的協助和強大的意志力。emLife 是一

個對被自戀狂情感虐待的女人提供關懷諮詢的社團。跟他們聯絡，
這並不丟臉。

妳的前任認為妳瘋了或過度敏感嗎？	☐ 是	☐ 否
他會這樣說他的前女友們嗎？	☐ 是	☐ 否
他經常說謊嗎？	☐ 是	☐ 否
他極度需要別人的關注嗎？	☐ 是	☐ 否
他經常在吵架之後以冷戰和無視來懲罰妳嗎？	☐ 是	☐ 否
他不善於自處嗎？	☐ 是	☐ 否

推薦
書籍

如果妳有這樣的感覺：和前任的關係不僅有毒，而且糾纏不清、
沒完沒了，那麼去讀傑克森・麥肯錫的《毒型人格的惡情人：
30個警示，看穿心理變態的完美偽裝》（高寶，二〇一八）。
作者詳列各種「示警信號」，清楚說明惡情人的典型行為模式，
指點妳如何從這種困境中脫身。

第 七 十 七 天

　　時代潮流為我們帶來一大串新字彙，以時髦的英文外來語來掩飾它們的低級庸俗。神隱（Ghosting）就是其中之一。有很長一段時間，它在德文裡被譯為「無線電寂靜」（Funkstille）。現在兩者已經有詳細清楚的區分。新聞記者提娜・索里曼曾以這種斷聯形式為主題寫了幾本書。她如此定義其中的差異：「無線電寂靜是以內容尋找一種矛盾的形式，如逃走或全然的死寂。神隱則是形式決定內容……神隱比無線電寂靜更超然、更冷靜。如果無線電寂靜般的人是脫逃者，那麼神隱他人的人就是中斷者。」索利曼在她最新的書中描寫了數個神隱的故事，它們的共通點就是：中斷聯繫、（有計畫的）人間蒸發。也就是說，伴侶未預先知會就斷開關係、更換電話、解除租約，彷彿從地球表面消失了。

　　分手之後和前任保持距離是健康的，這有科學依據。但是，神隱不僅卑鄙無恥，還會造成對方心理創傷，它貶抑、擊潰了對方。神隱現象似乎越來越普遍，但這不能作為合理化的藉口。根據索利曼的觀點，女人尤其容易落入既定印象的陷阱，認為自己遭如此對待，問題出在自己。不，千萬別這麼想。神隱不是正常行為，即使神隱的數目年年攀升。心理分析師瑪麗法蘭斯・伊里戈揚稱它為「冷暴力」：「我們什麼都看不到，沒有醫生證明，沒有目擊證人，沒

有肉眼可見的傷痕。」

　　如果對方神隱，和妳無關，這只顯示了對方的無能和不成熟。再強調一次，保持距離是正確的，人間蒸發是反社會的。雖然和既定印象相反的殘酷事實是，會突然神隱的女人多於男人。

妳曾經神隱嗎？　　　　　　　　　　　　　　□ 是 □ 否
妳曾經被神隱嗎？　　　　　　　　　　　　　□ 是 □ 否
分手以來，前任的行為舉止讓妳驚訝嗎？　　□ 是 □ 否
妳自己的行為舉止讓妳驚訝嗎？　　　　　　□ 是 □ 否
妳認為自己誤信前任嗎？　　　　　　　　　□ 是 □ 否

最令妳失望的是什麼？

第 七 十 八 天

　　我們生活在一個以成就為導向的社會。唯有力爭上游者，才會得到認同；未能達標獲取成功者，顯然就是不夠努力。這種無限迴圈主宰了我們的日常、我們的溝通，當然還有我們的愛情。心理學家史蒂芬・波特在他的著作《你的前任效應》（*Your Ex-Factor*）中，就這種關聯性指出一種特別卑劣的面向：「愛情關係是我們測量人生成功及失敗的標準。工作和成就來來去去，但是沒有東西像一個穩定的婚姻、一位終身的伴侶和一段溫柔的關係那般永恆。」

　　如果我們某次未能符合這個標準，將事情搞砸了，就會感到卑微渺小、沒有價值。可惜波特沒有提出以下問題：為什麼我們要屈服於這個標準？究竟是誰制定這個標準的？這是宇宙法則嗎？是不是每一段持久、良好的關係都可得到小星星，然後貼在集點卡上？像小學生一樣，集滿十顆小星星就可以免寫作業？不，當然不是這樣。制定這個標準毫無意義，因為如果我們覺得自己不夠好，就會忍不住大發雷霆，而生氣的對象是自己。這是有害的，會毀掉一個人的生活。

　　我們應該倒過來看。能使我們變得堅強、懂得自我反思的是具有挑戰性的情況，是我們被迫承受的負擔。它能讓我們成長。我們從中學習對別人，也對自己的同理心。它使我們更成熟，懂得對一

段運轉不良的關係放手，而不是死守著錯誤的愛情，為了外在世界繼續競賽，以期望獲得下一顆小星星。

妳會生悶氣嗎？	☐ 是 ☐ 否
妳有特定的方法能補償這股怒氣嗎？	☐ 是 ☐ 否
妳覺得它健康嗎？	☐ 是 ☐ 否
妳能表達怒氣嗎？	☐ 是 ☐ 否
妳不能接受妳身旁某些成對伴侶的快樂嗎？	☐ 是 ☐ 否
妳周圍有假裝他們兩人還在一起的伴侶嗎？	☐ 是 ☐ 否

Day 79 ___/___/___

第七十九天

　　有些問題就是沒有答案，不管我們在腦中反覆思索多少次。特別是以「如果我……」開頭的問題，簡直讓人理智打結。假設語氣令人害怕，這種害怕導致一個人做出衝動或不理性的決定。如果我們老想著「如果我不這樣做，就不會有這許多麻煩」，並將所有可能性在內心上演一遍，我們的腦袋肯定會爆炸。

　　不過，一定有人能回答這些前任留下的問題，就是他其他的前女友們。只是，連絡前女友總讓人不自在。最好的情況是對方只是覺得妳很冒犯，最慘的情況可能是被當眾羞辱。因此，一般人都只敢在心裡想想而已。妳是否想過跑進那扇敞開的門？說不定他的某一個前女友也有過和妳相似的經驗；說不定妳們一致同意，和他的關係之所以破碎，問題不在妳們，而在他身上。這番認知令人心安。問題就輕鬆得到回答了。假設語氣變成事實。

　　當然，要吐露這些，需要克服心理障礙。不過，也許妳會因此發現一個親切的女人，妳會想和她一起喝杯咖啡。甚至，不只妳的困惑得到說明，她的也是。這似乎是個不錯的主意，不是嗎？

可能的話，妳想找他哪一位前女友談話？

_____

妳想問她什麼？

_____

_____

_____

_____

_____

_____

妳會如何和她取得聯繫？

_____

Day 8 0

_____ / ___ / ___

第八十天

　　溝通是資訊的交流或傳遞，可以分為語言溝通與非語言溝通。不溝通也是一種溝通的形式。社會學家尼可拉斯・魯曼是最早將愛情定義為一種溝通形式的學者之一，而且早在一九六〇年代（或者說，直到一九六〇年代，端視妳怎麼看）。在第十七天時我們已經提及他的研究。對於這個特殊主題，他如此說道：「愛情是一種溝通媒介，我們不將愛情當作一種客觀上可確定的情感，不是從屬於生產關係的人際交往現象。」

　　如果長久以來，愛情一直是妳和前任之間的溝通媒介，那麼你們就難以找到新的溝通管道。改變習慣需要一段時間，無法如妳所願一蹴可幾。要和前任和平相處需要克服許多關卡，因為傷害和痛苦已經造成。加上你們突然間不使用同一種語言了，縱使你們不寫不說任何東西，但這感覺就像開車撞上一面牆，雖然妳根本不寄望他會回應。如同一台感應故障的掃地機器人，無法辨識此處已無路可走，因此依然不斷朝同一方向對著同樣的壁紙前進，直到電池耗盡方休。妳的精力也有耗盡的時候，所以在電池閃紅燈之前，妳最好改變方向。

　　溝通在此先告一段落。沒說出的事，也許就是不夠重要。不如問問自己：一個星期之後，它還這麼重要嗎？一個月之後，它還這麼重要嗎？一年之後，它還這麼重要嗎？

一個星期之後，妳想站在哪裡？

_____

一個月之後呢？

_____

一年之後呢？

_____

接下來的十二個月，可以達成哪些里程碑？
什麼事情應該在何時發生？

　　想想妳在工作、居住情況、朋友圈和情感狀態的改變，還有對妳身心有益的事物，例如旅行、派對。大致上好好照護自己，同時也採取具體行動。

Day 8 1

____ / ____ / ____

第八十一天

　　失戀讓人感覺它存心跟妳作對。有些過程走得太快，有些又太慢。時間結構彷彿亂了套，瘋狂在所有極端之間擺盪。不過時間（尤其是年齡）其實是我們的好朋友。這裡指的可不是老掉牙的陳腔濫調：「時間會治癒所有傷口」是沒錯啦！這話雖然不無道理，但是遺留下的傷疤壓根稱不上好看。

　　這種時間感和快樂研究有莫大關聯。心理學家瑪姬·拉赫曼長年致力研究快樂對人的影響、如何獲取並保有快樂。在進行各項研究之後，她製作了一個「快樂圖」並證實：隨著年齡增長，我們會越來越快樂。所以，好消息是：妳會漸入佳境，從現在起必定會越來越好。這個曲線是否保持穩定，取決於我們對事情的態度：「即使處在一個我們無法選擇也無力改變的情況，我們仍然有權決定如何去面對它。」拉赫曼說。她還提出數據佐證：「值得注意的是，百分之九十六的受訪者告訴我們，他們從低潮中學習，完成許多事情，將情況逆轉為有利。」這當中最重要的就是掌控感。

　　藉著回顧過往，妳得以一窺全貌。妳可以審視這一切，再問問自己，妳在哪些時候提升、超越了自我？

和一星期之前相比，妳今天快樂的程度如何？

假如遇見五年前的妳，妳想對她說什麼？

Day 82

第八十二天

　　戀愛關係能否順利進行，受兩個因素影響甚鉅：其一是父母彼此的關係是否良好，其二是自己第一次戀愛的過程。它們之所以極具參考價值，是因為我們當中多數人都不是在沒有紛爭的家庭中長大，當時多數家庭中的角色分配迥異於今日。至於我們的第一次戀愛……嗯，一言難盡。總之，許多研究顯示，這些因素無形中會對我們的伴侶選擇和關係進展產生巨大的影響。我們可以放棄抵抗，對之臣服；抑或提出幾個問題並找出確實原因。

　　作家麗莎・邁爾致力研究誰或什麼影響了我們的關係選擇並區分出四種影響。她以最新的科學認知首先說明我們如何選擇所愛：我們選擇的伴侶會是我們莫名覺得熟悉的人，因為我們會從過往關係認識相似類型的人，例如第一個穩定交往的男友。在行為上也是如此：當我們戀愛時，我們的行為表現常常和之前的關係相似。我們明白這點，因為這樣令我們心安。我們看待自己的觀點也扮演了一個重要的角色：我們喜歡自己嗎？還是不喜歡？最後一點：我們如何放手？

　　如果妳用這四種影響來檢視妳最後一段和過去所有的關係，妳會得出一個模式，一種妳總是不斷使用或者妳試圖強烈抗拒的獵愛模式。妳會發現自己總是找了相同類型的男人。不過，這個練習的

目的不是要妳下次找出和前任們完全相反的類型，而是讓妳清楚妳的關係是如何運作，並讓妳能做出預測。

簡單地說，如果妳一直是這樣或那樣熬過失戀，這次很有可能也是如此。這表示它是可預見的，而非無止盡的。都會過去的。這是個很好的新認知。

妳的第一任和最後一任男友有何共同點？

如果請妳將妳的失戀分為五階段，妳會如何劃分？

妳過去的感情關係和妳父母的感情關係有何共同點？也包括組合家庭在內。

Day 8 3

第 八 十 三 天

　　新聞記者彼得‧華格納幾年前曾寫下一本引人矚目的書。他花了很長一段時間在全德國做訪談，詢問不同的受訪者從生活中學到什麼。他對所有受訪者提出三個相同問題：你經歷過什麼事？你從中明白了什麼？你可以給他人什麼建議？其中一位受訪者是一個失去兒子的女人，她描述自己在那之後的心路歷程。另一位受訪的女人說，她過了大半人生之後才愛上另一個女人，但是新舊伴侶最後都離她而去。一個男人說他在許久之後才發現，父母的早逝對他的影響有多大。在華格納這本書《誰知道是好是壞？》（ *Wofür es gut ist* ）中的受訪者都曾遭受命運無情的打擊，其程度嚴重大小，端由當事人自己評斷。但是這些人有一個共通點：他們明白他們的遭遇在某種意義上是好的。若沒有這時而巨斧劈鑿、時而小刀精雕的人生切痕，他們不會站在現在的位置。因此，這個「現在」並非不好的地方。

　　妳現在的處境並不容易。這本書不斷提到，失戀被旁人嚴重低估。社會的氛圍普遍如此，身旁的人尤其讓我們感受明顯。說再多遍都不為過：這是錯的。破碎的心和摔斷的腿同樣必須被認真對待。縱使妳沒有上石膏，依然有痛苦、悲傷和憤怒的權利。

　　妳可以堅信的是：總有一天，當妳回顧既往，妳會明確知道它

對妳是好是壞。

現在，妳的生活中是否已經有什麼事物因為分手
而改善了？

_____

_____

_____

_____

預估妳和最近結束的這段關係的距離？

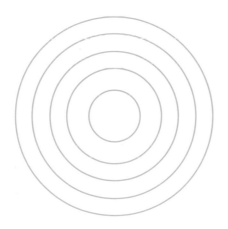

Day 84

_____ / _____ / _____

第八十四天

　　好，今天要先來個警告：現在要談的東西會讓你感到有些呼吸困難。妳在一開始閱讀時會感到不太舒服，不過請堅持下去。

　　安寧看護布朗妮・維爾有數十年臨終陪伴的體驗。她發現多數病人在生命盡頭都有著相同的悔恨：

1、我希望我能有勇氣過真正想要的生活。

2、我希望我並沒有那麼努力工作。

3、我希望能有勇氣表達自己的情感。

4、我希望我可以和朋友一直保持聯絡。

5、我希望我可以讓自己更快樂。

　　我們大多數人慣於自我設限，打造了一座符合自己或他人期待的監獄，並將這座監獄建得固若金湯、堅不可摧，在某個時候看起來就像惡魔島監獄一樣，囚犯插翅難逃。不過，它只是看起來如此。它還是有一條通往自由的隧道。沒有什麼是我們一定得做的，我們也不必死守現況。

　　這當然不是說妳在某天早上醒來，心想：今天失戀結束了，我現在要開心跳舞進廚房，幫自己沖杯咖啡。如果是這樣，妳早就可以這麼做了，也不必等到現在。不過，妳可以不斷問自己：我要讓這一切維持現狀嗎？我要在生命盡頭回顧這一生時，看到自己耗費

數月數年的時間悲歎失去的人？光是妳不時自問這些問題，妳就有所成長了。監獄會漸漸轉變成自由通道。

　　至於這該死的腳鍊？妳必定也會將它解開。

哪五件事是妳在死前想做的？

_____

_____

_____

_____

_____

哪三件事是妳在和前任重逢之前想做的？

_____

_____

_____

第 八 十 五 天

　　有些人將作家艾倫‧狄波頓視為當代最重要的哲學家之一，有些人則對他以樸實無華、淺顯易懂的口吻探討當代問題的做法嗤之以鼻。可想而知，後者多是以知識份子自居、想把持專欄副刊的老白男，他們擔心自己獨享解讀權的地位不保，因而把狄波頓視為文壇叛徒（因為狄波頓雖然也是老白男，但是待人親和）。

　　狄波頓在他的作品中對愛情和人在情感關係中的行為模式多所著墨。在他的《你和錯誤的對象結婚的理由》（*Why you will marry the wrong person*）中，他細細剖析浪漫愛情從過去到現在的轉變，並指引戀愛中人如何平等互待，無論異性戀或同性戀者。他建議：「在我們最初幾次晚餐約會中，都應該提出這樣一個標準問題：『你有多瘋狂？』」英文「How are you crazy?」聽起來更好、更精準。

　　每一個人都是獨一無二、與眾不同的。假如我們對他人隱藏我們的瘋狂，長期下來，我們會悶悶不樂；假如他人對我們隱藏他的瘋狂，長期下來，他會鬱鬱寡歡。我們越明白自己的特點所在，越能善加表達、發揮、享受它們。

你最瘋狂的三種特質？

_____

_____

_____

你在上一段關係中隱藏了哪一種瘋狂特質？

_____

哪一種瘋狂特質是你絕不會再隱瞞的？

_____

前任的哪一種瘋狂特質是你完全無法忍受的？

_____

推薦
書籍

在《愛的進化論》（先覺，二〇一六）中，狄波頓以小說形式描寫一段長久的婚姻關係。他巧妙點出在後千禧社會裡，伴侶們必須面對的問題，而且和年齡是二十出頭還是接近五十無關。狄波頓的藝術在於，他不給出具體答案。而是藉由他的問題，讀者可以自行找出答案。

第八十六天

　　分手之後，人會感覺自我認同徹底瓦解。從「我們」變成了一個輪廓模糊的「我」。在尋求心靈寄託及秩序條理的同時，我們常常忽略了自我人格歷經的過程，其實也是一種再生，一種自我認同的再生。這聽起來莫測高深，但是如果觀察人們在分手之後的新髮型、新衣服、新的休閒模式，就會知道這並不深奧難解，而是一種尋常的對抗策略。我們嘗試讓外在的我和內在的我達成一致，對我們的周遭環境亦然。試著回想一下第四十三天。他的東西是怎麼處理的？他來取走了嗎？還是仍然堆放在原地？若是後者，妳就將它們丟了吧。

　　房子呢？是否消毒打掃過了？

　　也許妳根本不再注意他的東西，因為妳已經習慣它們的存在。不過現在真的要將這些東西徹底移除。還是老辦法：以郵寄方式將他的東西寄回，這不會讓妳變壞人。妳可能會認為親自送回比較好。先前也說過了，沒這個必要。

　　如果妳願意，試著不要以前任的角度看他。問問自己妳最好的朋友、妳的母親或妳的同事對他有何看法。這並不是要尖酸刻薄地粉碎妳的幻想。

　　這叫做回歸現實。

妳對重逢有什麼期待？

_____

_____

_____

妳想要他看到自己錯失了什麼？	☐ 是 ☐ 否
妳想要打動他嗎？	☐ 是 ☐ 否
妳還想擺脫些什麼（除了他的東西）？	☐ 是 ☐ 否
妳想要他思念妳嗎？	☐ 是 ☐ 否
妳想要他感到懊悔嗎？	☐ 是 ☐ 否
妳想要縮減距離嗎？	☐ 是 ☐ 否

假使你們重逢，可能發生最糟的事會是什麼？

_____

_____

_____

Day 87

第八十七天

　　寂寞有很多種面貌，我們在第三十六和第三十七天已經詳細討論過。每一次寂寞浪潮襲來的感覺都不同，但同樣給人一種無中生有的感覺。尤其困難的是，此時正值妳被壓力逼得喘不過氣，實在無力面對這該死的寂寞。當你埋首職務、分身乏術、焦頭爛額之際，偏偏這個感覺來了。為什麼妳他媽的要一直獨自面對？為什麼沒人幫妳一把？為什麼在妳最悲慘無助時，大家總像阿拉丁躲回神燈一樣的消失無蹤？為什麼？為什麼？為什麼？這－就－是－如－此。辛苦了。

　　是的，就是如此。如果妳期待這裡寫的是：「不，並不是這樣，這只是妳的想像罷了。」那妳要失望了，因為這裡不會這麼寫。這也不是妳的想像，事實就是如此。這個對妳來說的事實就是：就算有人對妳說妳不孤單，並不表示妳不能有這種感覺。由他人來定義或規定妳的感覺是惡劣的行為。這就像小孩從鞦韆上摔下來，膝蓋痛死了，此時爸媽卻說：「哎呦，這沒什麼啦，根本就不痛好不好！」喂，哈囉！從鞦韆上摔下來的人到底是你還是我？

　　只有妳可以決定情感的強度以及對它的感知。如果妳就是覺得總是獨自承擔這一切，妳大可以這麼感覺。妳可以覺得這真是去他媽的。如果妳已經喘過氣也生過氣，妳會發現事情就這樣過去了。

也許此時妳覺得根本沒那麼孤單。不過，在那之前，儘管去感覺吧！

在妳的人生中，哪些人給妳棄妳於不顧的感覺？

_____

_____

_____

妳是否覺得「若我不做，根本沒人會做」的想法很熟悉？　☐ 是 ☐ 否

妳覺得開口問路很難嗎？　☐ 是 ☐ 否

妳喜歡寫電子郵件勝於打電話嗎？　☐ 是 ☐ 否

一想到打電話約診或訂外送披薩，妳就緊張嗎？　☐ 是 ☐ 否

妳年幼時就「特別獨立」嗎？　☐ 是 ☐ 否

妳有感覺別人期待妳獨力完成一切並認為妳值得信賴嗎？　☐ 是 ☐ 否

若是，妳討厭這個角色嗎？　☐ 是 ☐ 否

妳能想到一個喜歡看到妳扮演這個角色的人嗎？　☐ 是 ☐ 否

Day 8 8

_____/_____/_____

第八十八天

　　除非是石頭做的，否則一般人通常會嘗試友善待人。對待前任也是，畢竟他也是人。就連 IG 上的廣告也不時提醒我們：「在一個你什麼都可以成為的世界裡，選擇善良。」當我們因為還有些事情要交代而傳了一則禮貌的訊息給前任，卻遭對方潑冷水，會感到無比受傷。也可能你們偶然相遇，妳客套性問候，對方卻回以一個木然的點頭、不理妳或挑釁開戰。妳的情緒好不容易有點回穩，竟得到如此對待，未免相當不是滋味。

　　這讓人理解到人心何其脆弱。我們費心包覆的保護膜如此薄弱不堪，一切只是虛空的防護，既不防水也無法阻隔空氣。回絕善意是肉體上能感受的。那種衝擊力道就像踢到路面石板一般真實，直擊胸腔。正如遭後車追撞，躲不掉。

　　我們都會害怕，沒有人想受傷。妳不想，他也不想。最安全的生活就是和自己、和他人、和所有人保持距離。毫無疑問，這當然能保護我們，可是這也使我們遠離所有的機會、可能性和人生高潮。所以平衡的方式很簡單：想戀愛的人也必須承擔心碎的風險（是風險而不是事實）。

　　但是，我們不需要容忍對善意行為的刻薄回應。

　　理由很簡單：妳的前任之所以有不當反應，很可能是他害怕、

疑惑、有負疚感或感到不安。畢竟他也不是石頭做的。

　　妳可以原諒他的舉止，但不需要忍氣吞聲的接受。妳已經嘗試釋出善意，但是不成功。去他媽的好意！如果妳之後不再友善，他也要接受。只要妳保持客觀中立，妳就問心無愧。妳依然友善對待其他人。重要的是，妳不冷酷麻木，否則就太遺憾了。

妳會如何描述被排斥的生理感受？感覺如何？
哪裡會痛？

一個人生概念的失去

為什麼男女必須放下的東西不一樣？

分手的伴侶們事後回顧，後悔的往往不是他們的關係破裂、失去伴侶，而是他們必須放下一個人生大夢：一個家的夢想，無論有沒有小孩。我們所有的人對於未來都有部分粗略、部分詳細的想像：依據年齡對職業生涯做規劃，決定生不生小孩，思索是否接受國外的工作還是要買下一間自己的房子。

就算我們心理上還不想確定，仍會以某種方式確定。某些事是現在或三年之後做？還是先看看再說？基本上就是我想住哪裡？我想如何生活？家裡要放置一張大木桌，讓小孩們可以用餐及畫畫嗎？還是寧可一切極簡化，隨時保持機動性？世界上有這麼多美麗的地方，難道我不想將它們一一看遍嗎？

生不生小孩是一個很多人嗤之以鼻的問題，卻是每個女人早晚（也不能太晚）都得對自己提出的大哉問，通常好管閒事的親戚們

和其他智障也喜歡問這個問題。作家瑪萊克・尼伯丁說得好：「問題不在於生不生小孩，而是問這個問題的方式：是開玩笑還是正經八百。以玩笑口吻問，我們很難認真給出答案，但又不可能不回答……問生小孩的問題，就是問伴侶關係、兩性平等、養育工作、金錢。生不生小孩是一個重大的問題，有時會讓人回答得很痛苦，懷疑起自己視為理所當然的生活模式。」

這裡又再度劃分了男人和女人的世界。女人生育年齡有極限的事實，迫使她們考量是否要維持長久的伴侶關係。有些女人二十歲就感受到這種壓力，其他女人最慢到三十五歲左右也不得不面對現實。一個總被刻意忽略的層面是：女人懷孕期間的風險，例如對胎兒、尤其孕婦的健康威脅，隨著年齡遞增。不過，男人的精子也並非永遠新鮮無瑕，理論上男人永遠有生育力並不表示他的年齡不會影響胎兒的健康。男人從五十歲起，精子的品質便大幅降低，基因突變率相對增高。只不過沒人討論這些，社會普遍認為傳宗接代是女人的事。

基於此，男人比起女人較晚希望建立固定關係，並非出於偶然。這是一個世界性的社會發展。德國聯邦統計局針對結婚所做的調查顯示，從一九九一年至二〇一八年，男人結婚的平均年齡從二十八點五歲升高到三十四點六歲。女人也不斷將一切事情往後延，女人較晚步入婚姻，平均結婚年齡從二十六點一歲升高到三十二點一歲，也比較晚生孩子。和父母相比，更換工作和居住地比較高。然而，這只是一種偽彈性。女人心知肚明：到了某個時間點，我就必須認真思考這些事。當時間不利於我時，我就得做出決定。生小孩的問題就是一個代表性例子。因此，分手對女人而言往往不只是失

去伴侶，而是一個人生概念的失去與放下。這比起兩人分道揚鑣更有感，因為它撼動了一個人生藍圖的地基。我在一年之前還能明確回答我一年、五年或十年之後的生活樣貌，現在卻必須重新思考。這很困難也很複雜，因為有太多的不確定因素。

我獨自坐在新的（或舊的）住處，沒有任何驢子（就是我自己）能奮力取得的紅蘿蔔。我感受到的不只是一切重新歸零，還有殘酷的現實。我很清楚，新的人生規劃不只要考慮沙發擺哪裡或為什麼不去葡萄牙衝浪，還有：我的下一步該怎麼走？對我來說，現在有哪些可能和不可能？幾年之後，我會因為我的身體和工作無法繼續配合我的願望而後悔做這個決定嗎？男人處於人生疑惑時可以不急於問自己是否也希望和這個女人生子、買房、共度一生這些問題。在我們的社會裡，男人可以比較單純的去思念一個人，悲歡他所失去的東西。女人則認為她失去的是一整個人生概念，而且它有一個非常具體的保存期限：更年期。這令人心情沉重。

女性主義者瑪格麗特．斯托科夫斯基寫道：「獲得東西，需要努力；改變東西，需要努力。」她原本是泛指社會，特別是針對女性主義。不過這個句話也適用於許多其他生活範疇，例如愛情以及它的消逝。在新的狀況中適應存活，需要努力。將一直以來的人生規劃放下，需要努力。對男人解釋女人由於社會地位而對生活感受不同的原因以及女人生理條件的限制，需要努力。但是，努力去改變能帶來契機。即使妳還不知道即將前往的新環境位在何方，妳還是可以勾勒妳的願望。女人永遠無法擺脫生理時鐘的限制，我們必須接受這個事實。但這不表示我們就必須由別人來安排我們的生活，我們可以自己創造人生。

用斯托科夫斯基的話作結：「我們之後仍會繼續聽到他人說我們過於好高騖遠。我們聽到的不是『我們不切實際』就是『不可能享有這種程度的自由』。去他媽的！沒人知道十年或一百年後會怎樣。人如果沒有想像力，所有的政治抗爭都顯得不切實際。」

第八十九天

「我永遠都不會再談戀愛了。」分手之後，吐出這句話只是早晚的事，可能是在一、兩杯黃湯下肚的加持下。此刻，我們的腦袋似乎特別清楚：戀愛只帶來痛苦和折磨，何必再來一次？費了好長的時間，好不容易才平復心情，說什麼也不願再失去這種內心的安穩感。

曾失去伴侶、關係和親密連結的人，不想再冒險，因為他們經歷過「失去」的種種痛苦面貌，知道這會反覆發生。但事實是沒有什麼東西能確保一個人免於「失去」。即使是已經過去的事，依然會留下些什麼。每一段關係、每一段分手其實都讓人有所得。

不願再戀愛是一種心理反射。它不是一個好現象，幸好對我們當中多數人而言，這只是一時的。暫時不想再接納新的感情，完全沒問題。不過，人生沒有什麼事情是絕對的啊！

妳對再度受傷的恐懼程度有多大？

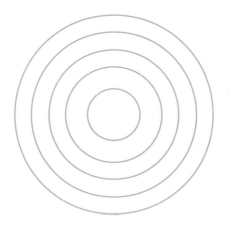

哪三個經驗最讓妳痛苦？

_____

_____

_____

Day 9 0

第九十天

　　數據網站工作者漢娜・安德森和麥特・丹尼爾斯在二〇一六年發表了一份研究報告，針對好萊塢電影中女性角色的台詞數量做出分析，當中也包含了迪士尼電影。這類影片的劇情總是沿襲一套經典法則：王子拯救公主，男人拯救女人。他們還指出，一反社會慣有的「男人一個詞彙，女人一本辭典」的既定印象，男性角色的台詞總是多於女性角色。即使電影中的主角是女性，男性角色的台詞依然比較多。在《小美人魚》中，主角愛麗兒的台詞只占百分之三十，在《花木蘭》中木須龍的台詞比主角木蘭多百分之五十。

　　好萊塢的性別失衡的改善進程極為緩慢。不過，在《冰雪奇緣》中，男女主角台詞占比總算達到五十七比四十三。冰雪女王艾莎是長久以來第一個以有別於以往敘事手法呈現的電影動畫主角。在《冰雪奇緣》和二〇一九年上映的續集中，都沒有女人被男人拯救的情節，反過來的也沒有。團隊分工法則顯然也得到好萊塢的認可了。

　　我們可能認為動畫片很愚蠢、很幼稚，但是不可否認的，它們反映了時代精神。我們能從艾莎身上學到什麼？上網搜尋一下《冰雪奇緣》主題曲〈Let it go〉的歌詞！它很適合作為人生箴言，我保證。

　　好啦，要妳早上八點在捷運或公車站裡領悟歌詞的涵義很難。

但是，在某些日子，妳會有這種舒適的感覺：妳已經開始「放下」。速度很慢，但它的確起作用了。

妳最近在哪些具體時刻感覺到已經放下一些東西了？

_____

_____

_____

以下哪些他人問的問題目前會激怒妳？

- ○ 「現在好些了嗎？」
- ○ 「現在看到他，妳還會介意嗎？」
- ○ 「他還有找過妳嗎？」
- ○ 「妳很享受妳的自由吧？」
- ○ 「妳走出來了吧？」
- ○ 「妳已經有新歡了？」

補充　最後一個問題尤其仍是社會的固有偏見，彷彿女人沒有男人就不完整了。這當然是胡扯。我不是讚揚、鼓吹單身生活，單身不見得總是好，不過沒有伴侶也可以讓人感覺很好。如果妳喜歡和某人分享妳的生活，同樣也很好。沒有一種生活模式比另外一種來得有價值。擁有一段關係並不是戰勝單身。一段關係就是一段關係，並不會讓一個有伴侶的人在我們的社會中變得更重要或更正確。

第九十一天

　　國際疾病分類標準第十版（ICD-10）上的代碼 F 43.8 有一個極其醜陋的對應病稱：「創傷後悲憤症候群」（Post-Traumatic Embitterment Disorder，簡稱 PTED），意指人在經歷折磨、不公對待或背叛之後出現的心理疾病，伴隨而來的還有其他精神病徵，可能導致自我傷害或攻擊他人。這種精神疾病最早由心理學家暨精神病學家邁克爾・林登教授提出並命名。「創傷後悲憤症候群」最初遭到訕笑，後來才漸為社會所接受，今日已是明確的醫學實例，也包括因失戀引發的病徵。

　　那麼，該如何抵擋它，才能不讓它趁虛而入？林登說：原諒。可惜「原諒」並不是一個可立即掌控的情感狀態，否則妳當下就能進行了。不過，如果妳知道「原諒」在心理學上是如何運作的，會比較容易掌控妳的情感。有一種「原諒」是以情感為基礎的，具體地說，我們下定決心不讓自己的生活被憤怒和失去左右。另一種是以決定為基礎的「原諒」。我們想了解為什麼自己會受傷。提娜・索里曼對此下了簡潔的結論：「原諒經常始於一個決定，但是它一直是一種過程，而且和被原諒的人完全無關。它不是遞橄欖枝給那個據稱對不起我們的人，而是我們先對自己釋出善意。」妳當然不想得到「創傷後悲憤症候群」，不過這並不表示妳可以並應該就這麼輕易原諒他。

核磁共振造影檢查 顯示，人決定「原諒」時，大腦就得費力工作，而且「原諒」時的腦活躍區域和各種肉體疼痛時完全一致。從蓋·溫奇和海倫·費雪那裡，我們已經得知失戀會讓我們陷入情感風暴。女人又比男人更加難以原諒對方。所以，如果還有哪個不識相的傢伙對妳說只有青少年才會為失戀苦惱，就直接把果汁潑到他的 T 恤上吧！

跟著妳自己的節奏走。就這樣。

根據索里曼的說法，以下兩個具體問題能快速決定妳是否應該原諒對方：

這段關係對妳真的很重要嗎？

_____

_____

對方讓妳再次受傷的可能性有多大？

_____

_____

首先，妳要原諒自己在他身上看見他沒有的東西。這是可以的，每個人都會有看走眼的時候。分手之後，妳會很想取回掌控權，想想第六十八天。一旦妳接受了前任不再主導妳的生活，而且妳自己就有能力創造妳想要的想法，妳自然而然就能取回來了。

Day 9 2 ___ / ___ / ___

第九十二天

　　這是一個能把人逼瘋的遊戲：如果⋯⋯會怎麼樣？如果他沒提分手？如果你們根本不認識？如果你們現在還在一起？如果你們沒這麼或那麼做？如果你們這次沒去度假？如果你們沒去這家餐廳？如果妳打了電話？好了，妳的頭腦要爆炸了。令人作嘔的假設語氣又來了。它毫無幫助，只會讓妳的生活變成一個想像的輪盤遊戲。

　　提出這些架設性問題是人之常情，只是妳永遠得不到答案。這些問題只是風水大師建造出來的幻想城堡，外表華美，但沒人曉得若鏡子沒對著門口是否真有任何影響。

　　幾十年前，物理界首次提出「**蝴蝶效應**」的概念。這是一種非線性動態的現象，指初始條件下的細微之差能導致最終狀態無法預期的巨大差別。這個理論的命名者當時提出一個問題：一隻**蝴蝶**在巴西輕拍翅膀，是否可以引發美國德州的一場龍捲風？ 套用在妳的現況，答案是不知道。沒錯，如果過程有異，事情一定有所不同。可惜時光無法倒轉，況且事件發生時間順序不同，並不表示結果必然不同。

　　不－要－再－胡－思－亂－想－了！

　　拿這些「如果⋯⋯」問題來思考未來會更有樂趣！

如果妳‧‧‧‧‧，會怎麼樣？

如果妳明天辭職，會怎麼樣？

如果妳搬家，會怎麼樣？

如果妳得到一個新工作，會怎麼樣？

如果妳下星期排定休假，會怎麼樣？

如果妳臨時起意拜訪妳的家人，會怎麼樣？

如果妳邀請朋友們到妳家吃飯，會怎麼樣？

如果妳放開一切，運動去，會怎麼樣？

如果妳明天臨時請病假，在家看一整天的影集，會怎麼樣？

第九十三天

　　分手像一個新的大書架，突然多出許多空間來歸類舊的書籍。我們可以思考要依照字母順序、顏色還是尺寸大小排列。進行歸類時，一定會發現幾本再也用不到、從來沒讀過或根本懶得翻開的書。例如《一百道絞肉料理》就可以直接丟了！

　　分手也重新盤整了一切和尤其週遭的人事物。每個人對人與人之間的信賴感都有某種程度的期待，端視他如何定義兩人之間的親近感。這裡指的對象不是前任，而是朋友和家人。

　　危機時刻考驗友誼，正所謂患難見真情，結果往往始料未及。有些妳原以為一定會陪在妳身邊的朋友突然間就消失不見，另有一些朋友卻帶著同情理解，耐心傾聽妳的心聲，意外成了妳的心靈支柱。在某種意義上，一個人對伴侶的分手及放下經常也意味著對某些人的分手及放下。這些會讓痛苦加劇。生活常態和身旁的人都得重新洗牌。有些人離開、必須離開或之後會離開。這令人既傷心又憤怒。妳可以認為這令妳失望透頂，但也不妨將它視為機會。

　　妳不需要有大學學歷才能判別哪一種狀況比較健康。告別前任，重要的是同時還要悲傷地告別其他人，與此同時，妳也可以慶幸得知原來誰才是能真正信賴的人。

回過頭看，哪個朋友比妳原先認為的好？

_____

妳要感謝她／他什麼事情？

_____

_____

妳對誰徹底失望？

_____

為什麼？

_____

_____

誰不把妳和妳的感情當一回事？

什麼事不再令妳生氣？

Day 9 4

第九十四天

　　「關係會在某個時候開始破裂，可是分手只會漸入佳境。」瑞士哲學家米凱萊‧賓斯汪格如是說。誠哉斯言！總會來到這樣一個時間點，妳會開心那個男人已成為前塵往事。如果妳依時間先後順序列出妳的分手史，有一點清楚可見：這些前任讓妳成長，每一位都有所貢獻。

　　不過，若因此說失戀的痛楚會隨著年齡增長變得輕微，不啻是自欺欺人。失戀不會因為我們在這世界上又多長了一歲就變得容易處理或者比較不痛，只是我們會用不同的方式來應對，而且我們知道自己可以度過。儘管如此，每次失戀一開始仍是感覺宇宙爆炸了。失戀好比恐怖片，我們不想看，卻又無法真正移開視線。不過，確信「這次生活品質能再度提升」的想法，對妳有莫大的幫助。

　　設立界限是我們畢生要辛勤學習的課題。十年之前適用的界限，今日未必還存在，因為其間陸續有其他事物加入。社會學家魯曼說：「我們以設立界限的分析，得到一個特殊溝通媒介『愛情』的輪廓。藉由取向分析一個或幾個其他人的個別自我理解和特殊世界觀，愛情傳達了篩選功效。」簡言之，未來妳會早早就說：「這樣不行！」或者更好：「對，就是這樣！」

　　坦白說，這可是一個值得慶祝的好理由。拿香檳來，為妳的嶄新自我舉杯！

回顧過往，哪幾次分手是最糟糕的？

_____

_____

妳絕不會再重蹈哪些覆轍？

_____

_____

妳未來在哪一個議題上絕不會妥協？

_____

_____

妳原諒了自己什麼事情？

_____

_____

妳還必須原諒自己什麼事情？

_____

_____

什麼是妳在不久的將來特別期待的？

_____

_____

Day 9 5

_____/_____/_____

第九十五天

　　接下來依然有比其他時候更難熬的日子。它可能是憑空而來的
爆炸性衝擊，也可能緩慢的、在不經意間悄然襲來。胸悶、頭疼、
心沉重，這些症狀同時出現，彷彿永遠緩解不了。有些人宣稱每個
人都要為自己的情緒負責，他們只說對一部分。沒錯，我們知道自
己為何會有如此感受或這感受因何而起；沒錯，我們可以反映自己
是否要陷入某種情緒。可是，有時候卻難以承受這股力道的衝擊。
我們可以轉移焦點，想出應付情感黑洞的對策。有時我們可以面對、
直視它，有時卻直接跌入黑洞。

　　倘若旁人聲稱人永遠能掌控自己的情感，就是在對自己說謊。
這說明他們對情感掌控的意念高過於現實。那是一條在我們失戀時
將我們絆倒的狹窄稜線，稜線的一面是失去，另一面是啟程。有時
我們有力氣重新出發；有時我們就是無能為力。遭伴侶拋棄，我們
會不由自主以受害者自居。接受這種心態一段時間，無可厚非。「自
我效能」（self-efficacy）讓我們相信，自己離不開受害者的角色是
因為我們不夠努力或是錯在自己。這全是無稽之談。心靈和自我所
受的傷害，必須照護、治癒。只有當一個人懂得自己為何有無助感，
他才能學會放下。「現在你真的必須走出來」這類廢話只是雪上加
霜，給人施加更大的壓力。

妳不必自找理由，更不必讓他人來解讀妳的感受。如果艱難的日子來了，就讓它來。它會過去的。百分之百確定。

最近哪一天讓妳覺得真的很難熬？（寫下年月日）

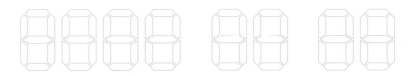

哪三種情緒最明顯？

○ 寂寞   ○ 羞愧
○ 絕望   ○ 恐懼
○ 心不在焉   ○ 憤怒
○ 不安穩   ○ 忌妒
○ 悲傷   ○ 不信任
○ 不知所措   ○ 無助

Day 9 6 ___/___/___

第九十六天

「生命中不能相信之輕」是這樣的：某天早上醒來，外面可能
陽光普照，妳睡飽了，覺得精神很好，而且幹勁十足。為什麼突然
如此？管它的！重點是，妳的大腦不再當機，失戀的苦惱終於結束。
妳活力充沛地安排今天的待辦事項：購物、打掃、將堆放了兩個月
的 IKEA 置物架組裝好、更換窗台的羅勒、改吃些速食之外的食
物……。然而，才不過短短兩個小時，這股衝勁已成了模糊記憶，
有如凍在冰櫃深處的冷凍炸魚條一般歷史久遠。現在有兩個問題：
這股衝勁從何而來？為什麼它又消失無蹤？

時間生物學可以提供解答。它是一門研究內在生理時鐘機制及
失調原因的科學，後者主要由睡眠不足和賀爾蒙交互作用而造成。
時差、夏令時間調整、月經等，對我們的身心都產生巨大的影響。
此外，科學家還提出一項極為重要的認知：女人需要的睡眠比男人
多。失戀就像一種生理時差放大器，可惜是負面意義。一早醒來精
神百倍、幾小時後卻懶洋洋的人，很可能是睡不好。這種情況之所
以反覆發生，是因為妳還一直為失戀所苦。基本上，幾個星期以來，
妳的狀況一定改善不少。只是每次當妳覺得已戰勝負面情緒，不多
時卻又消沉下去，心中不免越發惱怒。這情況當然令人沮喪。不過，
單一案例不足以採信，長期累積才是重點，而過去幾個月的儲存量

必然相當可觀了。

　　這說明了妳逐漸釋放自己。單一時日不能代表失戀苦惱已經過去，但這不表示活力瞬間消失，妳就必須從頭開始。正好相反，盡頭就在眼前了。

妳會如何描述妳目前的睡眠狀況？

○ 淺　　　　　○ 太短　　　　　○ 安寧
○ 深　　　　　○ 太長　　　　　○ 不安穩

過去三個月以來，妳的睡眠深度和品質如何？

深，良好			
中，良好			
中，不佳			
淺，不佳			
	第一個月	第二個月	第三個月

Day 9 7

_____ / _____ / _____

第九十七天

　　數十年來，書寫治療對心理創傷發揮了顯著成效。心理治療師希爾克・海默斯說：「寫作有許多功能：自我反思、認知，它能幫助做決策，是一種梳理，能卸脫特定的東西。」

　　然而，不是人人有辦法詳細書寫事物，所以到目前為止，本書中的寫作練習都只是重點式寫法。這樣比較簡單、快速，也容易歸類。不過，這回要換個方式，縱使妳覺得自己當下找不到正確的詞語來表達，或是認為將所有事情完整寫出來蠻愚蠢的。坐下來，毫無保留、全然坦誠的寫下自己的情感，需要跨越心理障礙，無庸置疑。好處是，除了妳之外，沒有人會讀到它。

　　妳為自己而寫。當妳以完整句子、條理分明的寫下妳對自己的希望、妳對前任的希望、折磨妳的事物，妳還難以釋懷的東西，這會讓「放下」輕鬆許多。即使現在妳可能感覺怪異，還是嘗試看看。坐下來，寫一封道別信。如果妳願意，可以在這封信裡，狠狠責備那個害妳痛不欲生的人。

親愛的＿＿＿＿＿＿＿＿：

Day 9 8

_____ / _____ / _____

第九十八天

　　人會變。妳、他、所有人，無一例外。幸好如此。我們看周遭人的視角因而隨之改變。假如一切恆常不變，才真叫遺憾。這本書的一開始曾請妳列出前任的爛人爛事清單。希望妳已將它拍下，作為心情低潮時的提醒，確認你們關係的不合拍。

　　請妳再翻回第二天，比較看看哪些依然沒變。自你們分手到現在，一定還增添了幾項。也許有些已了結，也許有些是妳的誤判。

　　這不是一份記錄前任是個超級混蛋的證明，也不是藉由貶低他人讓自己感覺好受一點。妳現在知道怎麼做：寫下、拍下、困惑時再三細讀。

爛人爛事清單 // 修訂版

Day 9 9

第九十九天

　　泰瑞莎・拉赫納說：「放下一切的人，雙手都是空的。」假如有一種告訴人如何放下的指南攻略，妳一定馬上去買，或者至少訂閱付費應用程式，價錢不是問題。無論哪一種都宣稱能讓妳快速、有效率的放下。但是我們現在都很清楚「放下」是因人而異的。有的人一下子就能張開所有手指，拋開一切，揮別過往，永不回頭；有的人則是將回憶當作珍貴的沙，握在手心，每天勉強抬起一根手指，讓它們一點點的流失。這兩種人都沒有錯。拉赫納說的對極了：「唯有空出雙手的人才能觸摸新的東西——新的身體、新的心、新的想法。」

　　失戀掏出我們身上最糟的東西。當我們事後回顧，常常會發現某些事情或行為令我們不舒服。這個訊息不該傳的、那通星期六夜裡喝了五杯伏特加蘇打水之後的電話也不該打的。此地此刻感到羞愧毫無意義，羞愧感就像夏天裡的刷毛外套一樣多餘——穿著它太熱，還會有汗臭味。

　　愛情不識驕傲為何物，它只想知道那是什麼、去理解發生了什麼。但那是什麼、發生了什麼，往往由**觀察者**的眼睛決定。而分手這件事甚至有兩位**觀察者**，四隻眼睛。

　　美國女作家阿涅絲・寧在幾十年前就已經寫下：「我們看到的

事物並不是它們原有的樣子，而是我們希望的樣子。」在失戀中的我們也同樣是我們眾多自我面貌中的一種（徹底矛盾的一種）。唯有如此，我們才能一窺自己內在深淵及情感光譜的所有面貌。失戀不光掏出我們身上最糟的東西：怨恨、憤怒、恐懼，也釋放出最好的東西：重新改造自己的能力、啟程心情、活力與創意。失戀不是微不足道的小事。能夠成功經歷這種冒險的人，才能繼續從事更偉大的冒險。

而全新的冒險，早已展開了！

他叫什麼名字？

_____

今天是幾號？

99天
達成 總結

　　希望妳已經為了這一天冰好酒了。今天有慶祝的理由，那就是妳自己。妳就是那個堅持到現在的人。也許現在妳沒事了，也許妳還有一點不確定，但是妳絕對不再是那個三個月之前的妳。現在，請最後一次做個結論。

你會如何描述你在過去三十三天的網路跟蹤。
畫一條曲線：

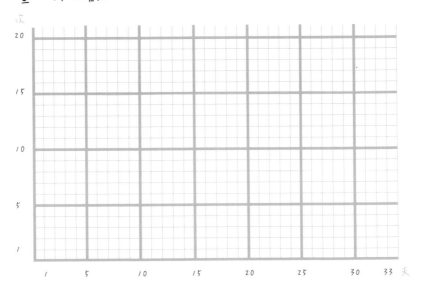

妳明白了哪些事情？

_____

哪些事情是妳還不明白的？

_____

什麼事情進行得比妳原先想像的好？

_____

什麼事情進行得很糟糕？

_____

妳學到了什麼？

_____

分手到現在，他做了哪些蠢事？

_____

分手到現在，妳做了哪些蠢事？

_____

我想要很快再見到他。	□ 是	□ 否
我還想要對他說些事情。	□ 是	□ 否
我還想要和他上床。	□ 是	□ 否
我想要對他解釋一些事。	□ 是	□ 否
我想要他回來。	□ 是	□ 否
	□ 是	□ 否

什麼事情令妳感到驕傲？

_____

哪三個形容詞能最精準地形容今天的妳？

在妳分手之後發生過最美好的事是什麼？

NOTE

NOTE

後記

　　愛情是一個奇怪的東西。在小說中描述的、在電影中展現的、在歌曲中表達的一切，所有關於它的科學研究，從來不會和我們的感受相同。當愛情離開時，所感受到的痛苦亦然。失戀絕不是小事，不是勸說並加上一點意志力就能迅速擺脫的。情關不分年紀，不管妳是十八歲還是八十歲。受苦的人需要我們的同理心，而我們也需要別人對我們的同理心，才不至於一蹶不振。有人陪伴就感覺不那麼孤單了。

　　這本書不只探討社會學、心理學和醫學的認知，也涉及男女的社會性差異。如果我們生活在一個女人不被規定好該如何愛如何痛的世界，就太美好了。男人也是。可惜這樣的世界不存在。如果有人受苦，我們就應該伸出援手，無論其性別為何。最終，我們都是人，一種依賴彼此照顧的物種。沒有同理心，地球將無以為繼。現在的一切，是許多方面進步的成果，但是有些方面還有待努力，有些方面我們甚至還退步。要做的事還有很多，許多只有我們共同攜手才能完成的事。我們的未來取決於我們彼此的相處之道，以及我們如何對待那些當下不順遂的人。

　　散播愛吧！

參考書目

前言

Palmer, Amanda // The Ride
@Song and Lyrics by Amanda
Palmer
FIBEL//Substanz
@Text: Jonas Pentzck, Musik: Dennis
Borger, Noah Fürbringer, Lukas
Brehm, Jonas Pentzek, Kontakt:
Lucas Pentzek Musikmanagement

回想

第二天

Winch, Guy, *Wie man ein
gebrochenes Herz repariert*,
TED2017, https://www.ted.com/
talks/guy_winch_how_to_fix_a_
broken_heart?language=de

第四天

Palmer, Amanda, *The Art of Asking.
Wie ich aufhörte, mir Sorgen zu
machen, und lernte, mir helfen zu
lassen*, Köln: Eichborn 2015, S. 13f.

他喝了多少烈酒？

Hillin, Taryn, "Why breakups hurt
more for women", in: Splinter News,
3. August 2015
Morris, Craig Eric, Chris Reiber und
Emily Roman, "Quantitative Sex
Differences in Response to the
Dissolution of a Romantic
Relationship", in: *Evolutionary
Behavioral Sciences*, 9 (4), 2005, S.
270–282
Stokowski, Margarete,

"Selbstentzündende Büstenhalter",
in: *DER SPIEGEL*, 12. November
2015

第六天

Meyer, Thomas, *Trennt euch!*,
Zürich: Diogenes 2018, S. 48

第七天

Deckert, Sarah Maria, "Feminismus
ist beängstigend", in: *Cicero*, 22. Juni
2015

第八天

Egger, Pepe, "Wir können ja nicht
überall perfekt sein", Interview mit
Greta Wagner in: *Der Freitag*, 26,
2018

第九天

Dewall, CN et al., *Acetaminophen
reduces social pain. Behavioral and
neural evidence*, Epub, 14. Juni 2010
Eisenberger, Naomi I., Matthew D.
Lieberman und Kipling D. Williams,
"Does Rejection Hurt? An FMRI
Study of Social Exclusion", in:

Science, 302, 2003, S. 290–292
Gillmeister, Sebastian, "Sozialer
Schmerz. Warum Liebeskummer so
weh tut", in: *Deutsches Ärzteblatt*, 1,
2018

第十天

Fisher, Helen, *Helen Fisher erforscht
das verliebte Gehirn*, TED2008,
https://www.ted.com/talks/helen_
fisher_the_brain_in_
love?language=de
Hausen, Johannes,
"Wissenschaftlich erklärt, warum
Liebeskummer uns so weh tut", in:
Vice, 30. August 2016
Schmid, Nicola, "Der Wert eines
gebrochenen Herzens", in:
Süddeutsche Zeitung, 6. Juli 2011

第十二天

Manivannan, Karthiga, "Wut ist ein
wertvolles Gefühl", Interview mit
Almut Schmale-Riedel, in:
Psychologie bringt dich weiter, 7.
November 2018
Rauschenberger, Pia, "Die Wut der

Frauen", in: *Deutschlandfunk Kultur*,
7. Februar 2019

Rytina, Susanne, "Der Ärger muss
raus – aber richtig", in: *DER
SPIEGEL*, 2. Dezember 2014

第十四天

llouz, Eva, *Warum Liebe weh tut*,
Berlin: Suhrkamp 2011, S. 64

Lachner, Theresa, *Lvstprinzip*,
Berlin: Blumenbar 2019, S. 235

第十五天

Katus, Hugo A., und Benjamin
Meder und Ioana Barb, "Broken
Heart. Wenn Frauenherzen brechen",
in: *Ruperto Carola Forschungsmagazin*,
10, 2017, S. 67–73

不要大驚小怪

Botzenhardt, Tilmann und Bertram
Weiss, "Der tiefste Schmerz",
Interview mit Günter H. Seidler, in:
GEO Wissen, 58, 2016, S. 74f.

第十七天

Krichmayr, Karin, "Die Liebe ist ein
seltsamer Code", in: *Der Standard*,
21. März 2018

第十八天

Schweda, Ellen, "Haptik-Forscher:
'Ohne Berührungen können wir
nicht leben'", Interview mit Martin
Grunwald, in: *mdr Kultur*, 19. Juni
2019

Zeh, Jana, "Wie viele Umarmungen
braucht man am Tag?", in: *n-tv*, 13.
Februar 2018

第十九天

Andersson, Lena, *Widerrechtliche
Inbesitznahme*, München: btb 2017,
S. 219

第二十天

So, Chaehan, "Mensch, was für ein
Irrtum!", in: *DER SPIEGEL*, 6. Juni
2012

第二十一天

Botzenhardt, Tilman und Maria
Kirady, "Warum verliebe ich mich
immer in den Falschen", in: *GEO*

Wissen, 58, 2016, S. 97

Stahl, Stefanie, *Jeder ist beziehungsfähig. Der goldene Weg zwischen Freiheit und Nähe. Mit dem Konzept von "Das Kind in dir muss Heimat finden" zu einer erfüllten Partnerschaft*, München: Kailash 2017

Strauß, Bernhard und Henning Schauenburg (Hg.), *Bindung in Psychologie und Medizin. Grundlagen, Klinik und Forschung. Ein Handbuch*, Stuttgart-Vaihingen: W. Kohlhammer 2016

第二十二天

Botzenhardt, Tilman und Stefanie Maeck, "Was Paare zusammenhält", in: *GEO Wissen*, 58, 2016, S. 69

Hasler, Siegfried, "Junge Frauen streiten am häufigsten und am längsten", in: *Augsburger Allgemeine*, 22. Januar 2015

第二十三天

Holzberg, Oskar, *Schlüsselsätze der Liebe*, Köln: DuMont 2016, S. 28f.

第二十四天

Weßling, Kathrin, *Super, und dir?*, Berlin: Ullstein 2018, S. 189f.

第二十五天

Hauser, CJ, "The Crane Wife", in: *The Paris Review*, 16. Juli 2019

但是他也無能為力

Haaf, Meredith, "Rette mich, Baby", in: *Süddeutsche Zeitung*, 8. Juni 2019

N. N., "Deshalb ist eine starke Frau die (einzige?) Rettung für einen unreifen Mann", in: *miss.at*, https://www.miss.at/deshalb-ist-eine-starke-frau-die-einzige-rettung-fuer-einen-unreifen-mann

第二十六天

Bodenmann, Guy, *Resilienz in der Partnerschaft*, Universität Zürich, 21. August 2018

Lenzen, Manuela, "Resilienz lässt sich lernen", in: *Psychologie heute*, 13. Dezember 2017

第二十七天

Jankovska, Bianca, *Das Millenial Manifest*, Hamburg: Rowohlt 2018, S. 21f.

第二十八天

Matthey, Juliane, "Trennung im Freundeskreis – Wie geht man damit um?", in: *DIE WELT*, 21. Oktober 2016

第二十九天

Blümner, Heike und Laura Ewert, *Schluss jetzt. Von der Freiheit sich zu trennen*, München: Hanser 2019, S. 9
Botzenhardt, Tilman und Stefanie Maeck, "Was Paare zusammenhält", in: *GEO Wissen*, 58, 2016, S. 69
Perel, Esther, Das Geheimnis des Begehrens in festen Beziehungen, TED2013, https://www.ted.com/talks/esther_perel_the_secret_to_desire_in_a_long_term_relationship/transcript?language=de
Prosinger, Annette, "Risiko Ehe", in: *DIE WELT*, 31. Juli 2013

第三十天

Eube, Anna, "So viel Sex pro Woche ist in Ihrem Alter normal", in: *DIE WELT*, 22. November 2016
Perel, Esther, Das Geheimnis des Begehrens in festen Beziehungen, TED2013, https://www.ted.com/talks/esther_perel_the_secret_to_desire_in_a_long_term_relationship/transcript?language=de

第三十一天

Holzberg, Oskar, *Schlüsselsätze der Liebe*, Köln: DuMont 2016, S. 127

第三十二天

Meyer, Thomas, *Trennt euch!*, Zürich: Diogenes 2018, S. 48
Windmüller, Gunda, *Weiblich, ledig, jung – sucht nicht. Eine Streitschrift*, Reinbek: Rowohlt 2019, S. 45f.

第三十三天

Herrmann, Sebastian, *Gefühlte Wahrheit. Wie Emotionen unser Weltbild formen*, Berlin: Aufbau 2019, S. 21ff.

總結

Andersson, Lena, *Widerrechtliche Inbesitznahme*, München: btb 2017, S. 219

補償

第三十四天

N. N., "Frauen und Männer weinen anders. Emotionale Tränen bleiben ein Rätsel", in: *Der Ophthalmologe*, 106, 2009, S. 593–602
Peters, Maren, "Tränen sind nicht gleich Tränen", in: *DIE WELT*, 31. Oktober 2008

第三十五天

Wilhelm, Klaus, "Rache ist allgegenwärtig", in: *Psychologie heute*, 12, 2018, S. 46

第三十六天

Goebel, Joey, *Vincent*, Zürich: Diogenes 2007, S. 213
Langeslag, Sandra J. und Michelle E. Sanchez, "Down-Regulation of Love Feelings After a Romantic Break-Up. Self-Report and Electrophysiological Data", in: *Journal of Experimental Psychology General*, 147 (5), Mai 2018, S. 720–733

第三十七天

Holt-Lunstad, Julianne, "So Lonely I Could Die", in: *American Psychological Association*, 5. August 2017
Rützel, Anja, *Lieber allein als gar keine Freunde*, Frankfurt am Main: Fischer 2018, S. 72

第四十天

Fleckenstein, Kim, "Die Anti-Liebeskummer-Übung. So lassen Sie die negativen Gefühle hinter sich", in: *Focus*, 22. März 2018
Nier, Hedda, "Die beliebtesten Yoga- und Meditationsapps weltweit", in: *Statista*, 20. Juni 2019
Rutenberg, Jürgen von, "Buddha to go", in: *ZEITmagazin*, 9, 2018

第四十一天

Hecht, Werne (Hg.): *Bertolt Brecht.*

Werke. *Große kommentierte Berliner und Frankfurter Ausgabe*, Bd. 26, Frankfurt am Main: Suhrkamp, 1994, S. 414

第四十二天

eharmony, *Happiness Index. Love and Relationship in America*. 2019 Report, https://www.eharmonyhappinessindex.com

第四十六天

Hauschild, Jana, "Der Tristesse entgehen", in: *Psychologie heute*, 12, 2018, S. 64f.

第四十七天

Webb, James T. et al., *Misdiagnosis and Dual Diagnoses of Gifted Children and Adults. ADHD, Bipolar, OCD, Asperger's, Depression, and Other Disorders*, Scottsdale, AZ: Great Potential Press 2005

第四十八天

Saldern, Nadja von, *Glücklich getrennt. Wie wir achtsam miteinander umgehen, wenn die Liebe endet*, Berlin: Ullstein 2018, S. 125f.

第五十天

Berndt, Marcel, "Wenn Wut die Leistung steigert", in: *Wirtschaftswoche*, 25. August 2014

就開心買給自己吧！

ElitePartner, *ElitePartner-Studie 2019. So liebt Deutschland*, 6. Mai 2019, https://www.elitepartner.de/newsroom/#/documents/elitepartner-studie-2019-so-liebt-deutschland-87822

Eube, Anna, "Warum Frauen Shopping lieben – und Männer nicht", in: *DIE WELT*, 18. März 2017

Gallagher, Catherine et al., 'I fear, therefore, I shop!' Exploring anxiety sensitivity in relation to compulsive buying ", in: *Personality and Individual Differences*, 104, 2017, S. 37–42

Müller, Astrid et al., "Pathological Buying Screener: Development and Psychometric Properties of a New

Screening Instrument for the Assessment of Pathological Buying Symptoms ", in: *PLoS ONE*, 21. Oktober 2015

N. N., "Männer, Frauen und Einkaufen – Auch hier ist nichts mehr wie früher", in: *Nielsen*, 14. März 2014

Perschau, Alexandra und Nugget Market Research & Consulting im Auftrag von Greenpeace, *Usage & Attitude "Selbstreflexion Modekonsum"* *Ergebnisbericht*, 1. März 2017, https://www.greenpeace.de/sites/ www.greenpeace.de/files/publications/ 20170309_greenpeace_nuggets_ umfrage_selbstreflektion_mode.pdf

第五十二天

N. N., "Belief Perseverance", https:// psychology.iresearchnet.com/ social-psychology/social-cognition/ belief-perseverance

第五十三天

Illouz, Eva, *Warum Liebe weh tut. Eine soziologische Erklärung*, Berlin: Suhrkamp 2016, S. 208ff.

第五十四天

Kuhn, Phyllis, "Die Magie der Umarmung – und wie viele wir zum Überleben brauchen", in: *Praxisvita*, 2. November 2016

Stein, Annett, "Die dunklen Seiten des Kuschelhormons Oxytocin", in: *DIE WELT*, 20. Juli 2014

第五十五天

Penny, Laurie, *Bitch Doktrin. Gender, Macht und Sehnsucht*, Hamburg: Edition Nautilus 2017, S. 5 und 65

第五十六天

Erdmann, Benno (Hg.), Immanuel Kant, *Kritik der reinen Vernunft*, Leipzig: Leopold Voss Verlag 1878, S. 33ff.

第五十七天

Budde, Henning und Mitko Wegner (Hg.), *The Exercise Effect on Mental Health. Neurobiological Mechanisms*, New York: Routeledge 2018

Müller, Thomas, "Sport hilft so gut wie Antidepressivum", in: *Deutsche*

Ärztezeitung, 3. Dezember 2013

第五十八天

ElitePartner, *ElitePartner-Studie 2019. So liebt Deutschland*, 6. Mai 2019, S. 35, https://www.elitepartner. de/newsroom/#/documents/ elitepartner-studie-2019-so-liebt-deutschland-87822

第五十九天

ElitePartner, *ElitePartner-Studie 2019. So liebt Deutschland*, 6. Mai 2019, S. 16, https://www.elitepartner. de/newsroom/#/documents/ elitepartner-studie-2019-so-liebt-deutschland-87822

第六十天

Fisher, Helen, *Warum wir lieben. Die Chemie der Leidenschaft*, Düsseldorf und Zürich: Walter 2005, S. 197–200

第六十一天

Fisher, Helen, *Warum wir lieben. Die Chemie der Leidenschaft*, Düsseldorf und Zürich: Walter 2005, S. 197ff.

und 204

Hatfield, Elaine und Richard L. Rapsen, *Love and Sex. Cross-Cultural Perspectives*, Lanham, MD: University Press of America 2005

想吃家庭號冰淇淋？沒問題！

Kröller, Katja, *Mütterliche Steuerung in der Essenssituation*, Dissertation, Universität Potsdam 2009, http:// opus.kobv.de/ubp/ volltexte/2009/3368/

Otto, Anne, "Vorsicht, Trostessen!", in: DER SPIEGEL, 30. August 2019

Otto, Anne, "Wie Sie Kummerspeck vermeiden", in: *DER SPIEGEL*, 12. August 2019

Zittlau, Jörg, "Was das Essverhalten über den Charakter verrät", in: *DIE WELT*, 27. Mai 2010

第六十二天

Lachner, Theresa, *Lvstprinzip*, Berlin: Blumenbar 2019, S. 206f.

第六十四天

Penny, Laurie, *Bitch Doktrin. Gender,*

Macht und Sehnsucht, Hamburg:
Edition Nautilus 2017, S. 212

第六十五天

Haaf, Meredith, *Heult doch. Über
eine Generation uns ihre
Luxisprobleme*, München: Piper
2011, S. 149
Wiese, Tim, "Wer Wut unterdrückt,
kann depressiv werden", in:
Deutschlandfunk Kultur, 16. Mai
2019

放下

第六十七天

Schäfer, Anette, "Immer alles
sofort", in: P*sychologie heute*, 12,
2018, S. 34

第七十一天

Mayer, Lisa, "Ich hasse das Wort
loslassen", Interview mit Johanna
Müller-Ebert, in: *Psychologie heute*,
12, 2018, S. 27f.
Tabensky, Perdo, "Richtig leiden
– aber wie?", in: *Leo Bormans* (Hg.),

*Glück. The New World Book of
Happiness*, Köln: DuMont 2017, S.
242–245, S. 242

第七十二天

Kreta, Sebstian und Bertram Weiss,
"Kopf oder Bauch", in: *GEO Wissen*,
64, 2019, S. 29f.

第七十三天

Illouz, Eva, *Warum Liebe weh tut*,
Berlin: Suhrkamp 2018, S. 156f.

無限的可能

Kroker, Michael, "Zahlen & Fakten
rund um Tinder: 50 Millionen
Nutzer, 12 Millionen Matches am
Tag", in: *blog.wiwo*, 12. April 2019
Vandenbosch, Laura, Sindy R.
Sumter und Loes Ligtenberg, "Love
me Tinder. Untangling emerging
adults' motivations for using the
dating application Tinder", in:
Telematics and Informatics, 34 (1),
April 2016, S. 67–78
Warda, Johanna, *Post-Internet
Romance. Die Transformation der*

Liebesmythologie in der Gegenwart,
Humboldt-Universität zu Berlin
2016, S. 23

第七十五天

Lauenstein, Mercedes, "Wir sollten
uns nicht mit anderen vergleichen",
in: *jetzt*, 7. April 2017

第七十六天

MacKenzie, Jackson, *Psychopath
Free. Recovering from Emotionally
Abusive Relationships With
Narcissists, Sociopaths, and Other
Toxic People*, New York: Berkley
2015
Sander, David: "Hoovering. Darum
sollten Sie Ihre(n) Ex loslassen", in:
Märkische Allgemeine, 30. Oktober
2019

第七十七天

Bartsch, Beatrice,
"Beziehungstrends: 'Ghosting' ist
Frauensache, 'offene Beziehung' ein
Mythos und jeder dritte Single
landet in der 'Friendzone'", in:
ElitePartner Magazin, 26. Februar
2018
Soliman, Tina, *Ghosting. Vom
spurlosen Verschwinden des
Menschen im digitalen Zeitalter*,
Stuttgart: Klett-Cotta 2019, S. 14
und 63

第七十八天

Poulter, Stephan B., *Der Ex-Faktor. 6
Strategien für ein neues Leben nach
der Trennung*, Weinheim und Basel:
Beltz 2009, S. 13

第八十天

Luhmann, Niklas, *Liebe. Eine Übung*,
Berlin: Suhrkamp 2008, S. 11

第八十一天

Lachmann, Margie E., "Tiefs und
Hochs", in: Leo Bormans (Hg.),
*Glück. The New World Book of
Happiness*, Köln: DuMont 2016, S.
130–133, S. 132

第八十二天

Mayer, Lisa, "Der Ex-Faktor", in:

Psychologie heute, 12, 2018, S. 18f.

第八十三天

Wagner, Peter, *Wofür es gut ist. Was Menschen aus ihrem Leben lernen*, München: dtv 2014

第八十四天

Ware, Bronnie, *5 Dinge, die Sterbende am meisten bereuen. Einsichten, die ihr Leben verändern werden*, München: Goldmann, 2015

第八十五天

De Botton, Alain, *Der Lauf der Liebe*, Frankfurt am Main: Fischer 2016
De Botton, Alain, *Warum Sie die falsche Person heiraten werden*, München: Süddeutsche Zeitung Edition 2018, S. 10

一個人生概念的失去

Kielon, Kristin, "Wie lange sind Männer zeugungsfähig?", in: *mdr Wissen*, 16. Januar 2018
Nieberding, Mareike, "Die K-Frage",
in: *SZ-Magazin*, 41, 2019, S. 24
Rudnicka, J., *Durchschnittliches Heiratsalter lediger Männer in Deutschland von 1991 bis 2018*, Statistisches Bundesamt, 2019, https://de.statista.com/statistik/daten/studie/1328/umfrage/heiratsalter-lediger-maenner/
Rudnicka, J., *Durchschnittliches Heirats-alter lediger Frauen in Deutschland von 1991 bis 2018*, Statistisches Bundesamt, 2019, https://de.statista.com/statistik/daten/studie/1329/umfrage/heiratsalter-lediger-frauen/
Stokowski, Margarete, *Unterrum frei*, Reinbek: Rowohlt 2019, S. 192 und 228

第九十天

Anderson, Hanah und Matt Daniels, "Film Dialogue from 2,000 screenplays, Broken down by Gender an Age", in: *The Pudding*, April 2016

第九十一天

Linden, Michael, "Die
Posttraumatische
Verbitterungsstörung, eine
pathologische Verarbeitung von
Kränkungen", in: *Psychoneuro*, 31
(1), 2005, S. 21–24
Soliman, Tina, *Ghosting. Vom
spurlosen Verschwinden des
Menschen im digitalen Zeitalter*,
Stuttgart: Klett-Cotta 2019, S. 319f.

第九十四天

Binswager, Michèle, "Anatomie
einer Trennung", in: *Fritz + Fränzi*,
das Schweizer Elternmagazin, 5.
Februar 2015
Luhmann, Niklas, *Liebe. Eine Übung*,
Berlin: Suhrkamp 2008, S. 21

第九十六天

Elkins, Lucy, "Who really needs
more sleep – men or women? One
of Britain's leading sleep experts
says he has the answer", in: *Daily
Mail*, 26. Januar 2010

Horn, Jim, Sleepfaring. *A journey
through the science of sleep*, New
York: Oxford University Press 2006

第九十七天

Ziegler, Juliane, "Einem Buch das
Leben erzählen", in: *NZZ*, 15. April
2016

第九十九天

Lachner, Theresa, *Lustprinzip*,
Berlin: Blumenbar 2019, S. 206

譯注

1 引文中譯引自：請求的力量，天
下文化，毛佩琦，二〇一五。

國家圖書館出版品預行編目資料

99天失戀日記 / 米凱拉‧洛茲納（Michèle Loetzner）著；
　杜子倩 譯. -- 初版. -- 臺北市：商周出版：家庭傳媒城邦分公司
　發行, 2020.11
　　面；　公分. --
　譯自：Liebeskummer bewältigen in 99 Tagen.
　ISBN 978-986-477-939-0（平裝）
　1. 戀愛　2. 兩性關係　3. 心理治療
　544.37　　　　　　　　　　　　　　　　　109016030

99天失戀日記

原 著 書 名／Liebeskummer bewältigen in 99 Tagen
作　　　者／米凱拉‧洛茲納（Michèle Loetzner）
譯　　　者／杜子倩
企 劃 選 書／張詠翔
責 任 編 輯／張詠翔

版　　　權／黃淑敏、劉鎔慈
行 銷 業 務／周丹蘋、黃崇華、周佑潔
總 　 編 　 輯／楊如玉
總 　 經 　 理／彭之琬
事業群總經理／黃淑貞
發 　 行 　 人／何飛鵬
法 律 顧 問／元禾法律事務所　王子文律師
出　　　版／商周出版
　　　　　　城邦文化事業股份有限公司
　　　　　　臺北市中山區民生東路二段141號9樓
　　　　　　電話：(02) 2500-7008 傳眞：(02) 2500-7759
　　　　　　E-mail：bwp.service@cite.com.tw
　　　　　　Blog：http://bwp25007008.pixnet.net/blog
發　　　行／英屬蓋曼群島商家庭傳媒股份有限公司城邦分公司
　　　　　　臺北市中山區民生東路二段141號2樓
　　　　　　書虫客服服務專線：(02) 2500-7718‧(02) 2500-7719
　　　　　　24小時傳眞服務：(02) 2500-1990‧(02) 2500-1991
　　　　　　服務時間：週一至週五09:30-12:00‧13:30-17:00
　　　　　　郵撥帳號：19863813　戶名：書虫股份有限公司
　　　　　　讀者服務信箱E-mail：service@readingclub.com.tw
　　　　　　歡迎光臨城邦讀書花園 網址：www.cite.com.tw
香 港 發 行 所／城邦（香港）出版集團有限公司
　　　　　　香港灣仔駱克道193號東超商業中心1樓
　　　　　　電話：(852) 2508-6231　傳眞：(852) 2578-9337
　　　　　　E-mail：hkcite@biznetvigator.com
馬 新 發 行 所／城邦(馬新)出版集團 Cité (M) Sdn. Bhd.
　　　　　　41, Jalan Radin Anum, Bandar Baru Sri Petaling,
　　　　　　57000 Kuala Lumpur, Malaysia
　　　　　　電話：(603) 9057-8822　傳眞：(603) 9057-6622
　　　　　　Email：cite@cite.com.my

封 面 設 計／FE 設計
排　　　版／新鑫電腦排版工作室
印　　　刷／卡樂彩色製版印刷有限公司
經 　 銷 　 商／聯合發行股份有限公司
　　　　　　電話：(02) 2917-8022　傳眞：(02) 2911-0053
　　　　　　地址：新北市231新店區寶橋路235巷6弄6號2樓

■2020年11月初版　　　　　　　　　　　　Printed in Taiwan
定價 380 元　　　　　　　　　　　　　　城邦讀書花園
　　　　　　　　　　　　　　　　　　　www.cite.com.tw

104台北市民生東路二段141號2樓

英屬蓋曼群島商家庭傳媒股份有限公司　城邦分公司

- -

請沿虛線對摺，謝謝！

書號：BX1079　　書名：99天失戀日記　　　　編碼：

讀者回函卡

感謝您購買我們出版的書籍！請費心填寫此回函卡，我們將不定期寄上城邦集團最新的出版訊息。

不定期好禮相贈！
立即加入：商周出
Facebook 粉絲團

姓名：＿＿＿＿＿＿＿＿＿＿＿＿＿＿＿＿＿＿＿＿＿　性別：□男　□女

生日：西元＿＿＿＿＿＿年＿＿＿＿＿＿月＿＿＿＿＿＿日

地址：＿＿＿＿＿＿＿＿＿＿＿＿＿＿＿＿＿＿＿＿＿＿＿＿＿＿＿

聯絡電話：＿＿＿＿＿＿＿＿＿＿＿　傳真：＿＿＿＿＿＿＿＿＿

E-mail：

學歷：□ 1. 小學 □ 2. 國中 □ 3. 高中 □ 4. 大學 □ 5. 研究所以上

職業：□ 1. 學生 □ 2. 軍公教 □ 3. 服務 □ 4. 金融 □ 5. 製造 □ 6. 資訊

　　　□ 7. 傳播 □ 8. 自由業 □ 9. 農漁牧 □ 10. 家管 □ 11. 退休

　　　□ 12. 其他＿＿＿＿＿＿＿＿＿＿＿＿＿＿＿＿＿＿＿

您從何種方式得知本書消息？

　　　□ 1. 書店 □ 2. 網路 □ 3. 報紙 □ 4. 雜誌 □ 5. 廣播 □ 6. 電視

　　　□ 7. 親友推薦 □ 8. 其他＿＿＿＿＿＿＿＿＿＿＿＿

您通常以何種方式購書？

　　　□ 1. 書店 □ 2. 網路 □ 3. 傳真訂購 □ 4. 郵局劃撥 □ 5. 其他＿＿＿＿

您喜歡閱讀那些類別的書籍？

　　　□ 1. 財經商業 □ 2. 自然科學 □ 3. 歷史 □ 4. 法律 □ 5. 文學

　　　□ 6. 休閒旅遊 □ 7. 小說 □ 8. 人物傳記 □ 9. 生活、勵志 □ 10. 其他

對我們的建議：＿＿＿＿＿＿＿＿＿＿＿＿＿＿＿＿＿＿＿＿＿＿

　　　　　　　＿＿＿＿＿＿＿＿＿＿＿＿＿＿＿＿＿＿＿＿＿＿

　　　　　　　＿＿＿＿＿＿＿＿＿＿＿＿＿＿＿＿＿＿＿＿＿＿